6.25전쟁 70주년 기념 국민일보 기획특집
6·25, 잊지 말아야 할 그때 그 역사

[개정판]

6.25전쟁 70주년 기념 국민일보 기획특집
6·25, 잊지 말아야 할 그때 그 역사

Copyright ⓒ 자유와생명 2023
    초판 1쇄 발행 2020년 7월 15일
    개정판 1쇄 발행 2025년 4월 15일

지은이 김재동
펴낸이 윤미영
펴낸곳 자유와생명
        등록 2024-000049
        도서문의 02-6953-6467
        이메일 blessingboook@gmail.com
        저자 이메일 kimjaedong@hanmail.net
        인쇄 프리온

ISBN 979-11-988181-2-6 (03230)

* 이 책의 저작권은 저자와 출판사가 소유합니다. 저작권자의 허락 없이
  이 책의 일부 또는 전체를 무단 복제, 전재, 발췌하면 저작권법에 저촉됩니다.

6.25전쟁 70주년 기념
국민일보 기획특집

[개정판]

6·25, 잊지 말아야 할 그때 그 역사

김재동 지음

자유와생명

추천사

2020년 국민일보 관계자와 '6·25전쟁 70주년 기획특집' 15주 연재에 대해 상의하면서 어떤 역사 전문가가 집필하는 것이 가장 적합할지 생각하였다. 그때 떠오른 분이 김재동 목사님이었다.

목회자이면서 동시에 대한역사문화원장으로 계신 김 목사님은 조선 말부터 대한민국 건국과 근현대사에 관련하여 탁월한 연구자이며, 학자이다. 김 목사님은 매주 전국을 다니며 역사에 관련된 자료를 수집하고 또 이에 관련된 당사자들이나 목격자/증인들을 찾아가서 인터뷰를 한다. 최근에는 해외를 탐방하며 6.25전쟁 참전국들과 참전용사를 포함하여 대한민국 건국과 근현대사에 관련된 역사 자료들을 수집하고 해당되는 인물들을 만나 인터뷰를 하면서 역사적인 자료들을 정리하고 있다. 학문적 연구와 함께 현장 탐방을 통해 역사를 생생하게 채취하며, 올바른 대한민국 근현대사를 써 내려가기 위해 각고의 노력을 다하고 있다.

6.25전쟁 70주년 기획특집으로 국민일보에 매주 게재되는 김 목사님의 '6·25전쟁, 잊지 말아야 할 그때 그 역사'를 꼼꼼히 읽었다. 김 목사님은 잊혀져 가는 6·25를 다시 대한민국 국민들과 한국 교회가 상기할 수 있도록 생생하고 감동 있게 역사의 장면 장면들을 펼쳐나갔다. 이 글들을 읽어가면서 6·25전쟁 가운데 우리 민족을 구원하시기 위해 미국과 UN 16개국을 부르신 하나님의 강력한 구원의 손길을 보았고, 전쟁 위기 속에서 한국교회의 목회자들과 성도들의 철저한 회개와 이 나라를 살려달라고 부르짖는 기도의 음성을 들었고, 공산 침략군의 총구 앞에서 신앙을 지키다 처참하게 죽임당한 성도들의 순교 현장을 목도했다.

"여호와께서 모세에게 이르시되 이것을 책에 기록하여 기념하게 하고 여호수아의 귀에 외워 들리라 내가 아말렉을 없이하여 천하에서 기억도 못 하게 하리라" (출 17:14)

하나님은 이스라엘 민족이 아말렉과의 전쟁에서 승리한 후에 모세에게 이것을 책에 기록하여 기념하게 하고 여호수아의 귀에 외워 들리라고 하셨다. 우리도 하나님의 능력으로 승리한 6.25 전쟁을 책에 기록하여 기념하게 하고 우리 다음 세대들의 귀에 외워 들려야 한다. '김재동 목사의 잊지 말아야 할 그때 그 역사'는 주님의 명령에 순종하여 집필된 매우 소중하고 값진 책이다.

6.25전쟁에 대한 많은 책과 기록이 있지만, 6.25 속에서 역사하신 하나님의 구원의 손길을 이처럼 생생하고 정확하게 기록한 책은 없었다. 이 책보다 더 하나님께 영광을 돌리며 우리의 후손들을 바르게 교육할 수 있는 책이 있을까.

작년에는 이 책이 영문으로 번역·출판되어 해외 한인들과 대한민국에 관심이 있는 외국인들에게 소개되기도 했다. 그리고 많은 사람들의 성원과 격려에 힘입어 이번에 개정판을 내게 된 것에 대해 진심으로 하나님께 감사드린다. 대한민국을 구원하신 하나님의 기이한 역사를 선포하며 하나님께 영광을 올리는 이 책을 대한민국의 다음 세대뿐 아니라 한인 디아스포라 2, 3, 4세들과 전 세계 모든 사람들에게 강력하게 추천한다.

이용희 교수
(에스더기도운동 대표/바른교육교수연합 대표)

서문

'전투 파병 16개국, 의료지원 6개국,
물자 지원 38개국, 전후 복구지원 7개국'

**총 67개국 유엔군의 참전과 지원
그리고 그 숭고한 희생에 감사드립니다!**

1948년 대한민국이 건국된 지 채 2년밖에 되지 않은 1950년이 되었을 때 신생국 대한민국은 6·25전쟁이라는 전례 없는 국난을 겪었다. 국가적인 최대 위기 앞에서 대한민국이 망하지 않고 살아남을 수 있었던 것은 북한 공산군과 중공군에 맞서 피 흘리며 싸운 국군과 UN군의 희생과 헌신이 있었기 때문이다.

2011년 국방부 산하 군사편찬연구소 연구 결과에 따르면 6·25전쟁 당시 전투 파병 16개국을 포함해 의료지원 6개국, 물자 지원 38개국, 전후 복구지원 7개국 도합 67개국이 대한민국의 자유 수호를 위해 아낌없이 도와주었다. 67개국이 전쟁에 참전했다는 것은 당시 전 세계 93개의 독립국 중 72%가 한국을 돕겠다고 나선 것이다. 그 67개국의 지원이 없었다면 대한민국은 1950년에 이미 지구상에서 사라졌을 것이다.

2024년 여름, 『잊지 말아야 할 그때 그 역사』 영문판을 출간하면서 필자는 먼저 6·25전쟁에서 풍전등화에 처한 대한민국을 구하기 위해 유엔군 참전국들이 얼마나 값진 희생과 헌신을 치렀는지를 알리고자 전투 파병 16개 나라들을 중심으로 그들의 일부 활약상을 소개하는 서문을 추가하였다.

먼저 한국을 위해 가장 많은 희생을 치른 미군을 소개한다. 미군은 1950년 7월 1일 스미스 대대 장병 540명이 부산에 상륙한 이래 3년 1개월 동안 178만 명이 참전했다. 미군은 인천상륙작전, 낙동강 방어 전투, 장진호 전투 등 수많은 전투에서 전사 54,246명, 실종 8,177명, 포로 7,140명, 부상자 103,284명 등 172,847명이 희생했다. 특히 우리에게 감동을 주는 것은 미국 대통령을 비롯해 장관·장군 등 최고위층 아들 142명이 참전해 그중 35명이 전사했다는 사실이다. 한국전쟁에서 미국은 천문학적인 비용을 지출했다. 2009년 미국의 국방정보센터(CDI)는 미 의회 조사국 등의 자료를 바탕으로 6·25전쟁 당시 미국이 부담한 전쟁 비용을 총 670억 달러로 산출했다. 이를 현재 가치로 환산하면 6,910억 달러(약 767조 원)에 달한다. 그들은 이렇게 천문학적 비용을 지불하면서 한국을 도왔다. 미국은 한국을 지키기 위해 전쟁에 필요한 무기, 장비, 탄약 등 전쟁물자만 지원한 것이 아니라 한국 국민 전체를 먹여 살리면서 싸웠고 고귀한 생명까지 바쳤다.

영국은 미국 다음으로 가장 많은 병력인 62,000명을 파병하여 대한민국의 자유를 지켜냈다. 특히 1951년 4월, 임진강 이남의 적성과 동두천 일대로 몰려드는 중공군 3개 사단 4만여 명과 맞서서 싸웠다. 중공군의 병력은 영국군의 10배에 달했다. 영국군 29여단은 적에게 포위된 상황에서도 용전분투하여 중공군의 공격을 막아냈다. 그중 글로스터 대대는 병력 652명 중 포위망을 뚫고 철수한 생존자 67명을 제외한 전원이 전사하거나 포로로 잡혔다. 전쟁 기간 중 영국군은 총 1,257명이 전사, 2,647명이 부상을 입었다.

캐나다는 육·해·공군 모두 26,791명을 파병했다. 특히 캐나다 해군은 정전협정 후 1955년 3월까지 백령도와 연평도 등에 머물면서 강력한 초계활동을 하였고, 이를 탈취하려는 적을 격퇴함으로 서해 군사분계선이 자리 잡는 데 크게 공헌했다. 캐나다군은 전쟁 중에 313명이 전사했고, 1,212명이 부상을 입었다.

호주는 유엔의 결의와 동시에 1950년 6월 30일 참전을 결정하고, 7월 7일 상하 양원 회의를 긴급 소집해 대한민국에 대한 군사원조 조치를 가장 신속하게 만장일치로 통과시킨 나라다. 호주군은 1951년 4월 22일 시작된 중공군의 4월 공세에 맞서 24일까지 가평을 지켜냈다. 호주군은 17,164명이 참전하여 전쟁 중에 342명이 전사하고, 1,216명이 부상을 입었다.

뉴질랜드는 1,389명의 1개 포병대대와 해군 프리깃함 1척을 파병했다. 그때 창설된 부대가 제16포병연대다. 육지에서나 바다에서나 뉴질랜드군의 포격은 놀라울 만큼 정확했으며, 이러한 능력을 바탕으로 영연방군이 참가한 수많은 전선에서 탁월한 화력지원 작전을 펼쳤다. 특히 가평전투에서 뉴질랜드군은 호주군의 철수와 캐나다군의 진지 사수에 결정적인 기여를 했다. 그때 1만 발의 포탄을 쏴 적에게 막대한 피해를 준 공로를 인정받아 이승만 대통령으로부터 부대 표창을 받기도 했다.

프랑스는 3,421명을 파병하였는데 비록 인원은 많지 않았지만 그 구성이 해병대와 공수부대, 외인부대, 수도방위부대 출신으로 이뤄진 최정예의 강군이었다. 프랑스군은 1951년 1월 10일 원주 전투에 처음 참전하였고 2월 10일 쌍터널 전투에서 대대 병력으로 연대 규모의 중공군과 백병전을 펼치며 담당 고지를 끝까지 사수하고 1,300여 명의 적을 사살해 적에게 치명적인 타격을 입혔다. 곧이어 2월 13일 미 23연대와 함께 지평리 전투에 참가한 프랑스대대는 중공군 3개 사단의 포위공격에 맞서 3일간 혈전을 벌여 중공군의 2월 공세를 저지하는 데 큰 기여를 했다. 프랑스군은 전쟁 중에 262명이 전사하고 1,008명이 부상을 입었다.

터키는 21,212명을 파병하여 후방지역 공비 토벌 작전 등을 벌이다가 본격적인 대규모 전투를 치른 것은 1950년 11월 말에 펼쳐진 군우리 전투부터였다. 5배 이상 되는 중공군에게 포위되어 있던 터키군은 함께 전멸 위기에 처한 미 2사단을 구하기 위해 착검을 하고 백병전을 감행해 미2사단의 구출에 성공하면서 참전 유엔군 최초로 트루먼 미국 대통령으로부터 부대 표창을 받았다.

또한 터키군은 용인시 김량장동과 151고지 일대에 투입되어 중과부적의 중공군을 상대로 3일 동안 밤낮 없이 전투를 계속한 결과 터키군은 12명 전사한 데 비해 중공군은 1,735명을 사살하는 대승을 거두면서 김량장과 151고지를 점령했다. 이 용맹한 전투 장면이 UPI 종군기자에 의해 전 세계에 알려지면서 터키군은 '백병전의 왕자' '신(神)의 손'이라는 별명을 얻었다. 용감무쌍한 터키군에 충격을 받은 중공군은 "터키군과의 정면 승부를 자제하라"는 특명을 내릴 정도였다. 터키군은 전쟁 중에 721명이 전사하였고 그중에 462명은 현재 한국 부산의 유엔군 묘지에 안장되어 있다.

네덜란드는 정부 차원이 아닌 국민의 힘으로 참전이 이뤄졌다는데, 그 의미가 특별하다. 유엔의 파병 요청에 네덜란드 정부는 형편상 파병은 어렵다는 뜻을 피력했다. 이때 대한민국을 돕자고 목소리를 높인 것은 네덜란드 국민들이었다. 언론과 국민이 정부에 파병을 강력히 촉구하는 가운데 '6.25 참전 지원병 임시위원회'가 결성됐으며 그 결과 전쟁 기간 중 총 5,322명이 지원병으로 참전했다. 네덜란드군은 횡성 전투를 비롯해 가리산 전투, 인제 전투, 대우산 전투, 별고지 전투, 묵곡리 전투 등을 치렀다. 네덜란드군은 전쟁 중에 117명의 육군과 2명의 해군이 전사했으며, 463명이 부상을 입었다.

벨기에와 룩셈부르크는 두 나라가 합하여 보병 1개 대대를 편성해 보내준 고마운 나라다. 전쟁 기간 벨기에는 3,498명, 룩셈부르크는 100명을 파병했다. 제주도 크기의 두 배밖에 안 되는 작은 나라인 룩셈부르크는 가장 적은 1개 소대를 파병했지만, 나라의 형편상 최선을 다한 것이다. 사실 이 두 나라는 유엔군의 파병 요청을 받았지만, 상비군조차 없는 상황이라 파병은 불가능한 상태였다. 그러나 나치 독일과 맞섰던 예비역 군인들이 어려움에 처한 동방의 작은 나라를 돕기 위해 모병을 시작해 참전하였으니 그 고마움은 말로 다할 수 없는 것이다. 전쟁 기간 중에 벨기에군은 99명이 전사하고, 336명이 부상을 입었으며 룩셈부르크군은 2명이 전사, 13명이 부상을 입었다.

6.25전쟁 발발 당시 그리스는 여러 면에서 대한민국과 닮아 있었다. 제2차 세계대전 시기에 나치 독일의 점령하에서 많은 고난을 받았으며,

1944년 독립과 함께 벌어진 공산주의자들과의 두 차례 처절한 내전으로 5만 명 이상이 사망하고 50만 명의 국민이 피난 생활을 해야 하는 동족상잔의 비극을 겪었다. 그렇게 내전이 끝난 지 1년도 되지 않은 시점에 대한민국에 대한 유엔군의 파병 요청을 받았을 때 그리스는 어려운 자국 내 여건과 공산화돼 가는 주변국의 위협 속에서도 4,992명의 병력과 7대의 수송기 편대를 보내 대한민국을 도왔다. 그리스가 치른 주요 전투는 경기도 이천 부근 전투와 홍천, 춘천, 화천 전투, 313고지 전투, 노리고지 전투, 420고지 전투 등이 있다. 전쟁 기간 중에 그리스군은 188명이 전사하고, 459명이 부상을 입었다.

필리핀은 7,420명을 파병하였다. 특히 피델 라모스(Fidel Ramos) 전 대통령은 수색 중대 소대장으로 복무하던 중 1952년 5월 21일 새벽에 연천지구 전투에서 특공대를 이끌고 중공군의 벙커를 7개나 폭파하고, 중공군 70명을 사살하는 전과를 올려 이승만 대통령으로부터 부대 표창을 받았다. 1946년 독립한 신생국이었던 필리핀은 자국 내 공산 반란군과 싸우고 있었다는 점에서, 건국된 지 얼마 되지 않아 공산 세력에 침략당한 대한민국에 대한 깊은 공감대가 있었다. 필리핀이 가장 먼저 파견한 제10대대 전투단은 자국의 공산반란군 토벌작전에 투입됐던 10개 부대 가운데 최정예로 평가받는 부대였다. 본국에서 공산 게릴라와의 전투에 잔뼈가 굵은 필리핀군은 군자산 부근 전투, 율동 전투, 크리스마스 고지 전투 등에서 큰 활약을 펼쳤다. 필리핀군은 전쟁 기간 중에 128

명이 전사하고 299명이 부상을 입었다.

태국은 유엔으로부터 파병 요청을 받자 황태자인 피씻(Pisit D. Diskul) 소장을 원정군 사령관으로 임명하고 총 6,324명의 병력을 파병했다. 태국군은 특유의 용맹함으로 유엔군 사이에서 '작은 호랑이(The Little Tiger)'라는 별명을 얻었다. 1951년 7월 말 미 제1기병사단에 배속된 태국군 대대는 연천을 방어하면서 율동 지역에서 정찰전을 벌였다. 8월 18일 태국군 대대는 중공군 집결지에 대한 선제적인 기습공격으로 수많은 적을 사살하고 보급물자를 파괴했다. 태국군은 용맹한 전투를 치르면서 전쟁 기간 중 129명이 전사하고 1,139명이 부상을 입었다.

콜롬비아는 중남미 국가 중에서 유일하게 6·25전쟁에 병력을 대한민국에 지원한 국가다. 총 5,100여 명의 병력을 파병한 콜롬비아군은 "우리는 절대로 후퇴하지 않는다"는 정신으로 무장한 용맹한 군대였다. 그들은 1951년 8월 6일 흑운토령 전투를 시작으로 회고개 전투, 초서리 전투, 400고지 전투, 불모고지 전투 등에서 격전을 치르며 큰 활약을 펼쳤다. 콜롬비아군은 전쟁 기간 중에 163명이 전사하고 557명이 부상을 입었다.

에티오피아의 셀라시에 황제는 유엔의 파병 요청을 받자 황실 근위병을 중심으로 우선 보병 1개 대대를 편성하여 '강뉴(Kagnew)부대'란 이름을 하사했다. '강뉴'는 에티오피아어(암하라어)로 '초전박살'이란 뜻이다. 1951년 7월 한국 땅을 밟은 강뉴부대는 그해 9월 강원도 화천 적근산 전투에서 혁혁한 전공을 세웠으며, 이듬해 10월 '철의 삼각지' 공방전에서 단 한 차례도 고지를 내주지 않았다. 두려움과 패배를 모르는 강뉴부대는 253전 253승의 불멸의 기록을 세웠다. 1953년 7월 종전 때까지 총 3,518명(1956년까지 주둔 기간을 포함하면 6,037명)이 참전해 124명이 전사하고 536명이 부상했으나 포로는 한 명도 없었다. 포성이 멈춘 뒤에도 강뉴부대는 1956년까지 대한민국에 주둔하며 평화를 지키고 전후 복구를 도왔다. 부대원들은 월급을 모아 1953년 경기도 동두천에 '보화원'이란 이름의 고아원(보육원)을 세운 뒤 전쟁고아들을 보살폈다. '보화'(Bowha)는 암하라어로 '하나님의 은혜'란 뜻이다.

남아프리카공화국은 아직 독립국가가 아님에도 불구하고 1개 비행중대 826명을 파견하여 대한민국을 도왔다. 전쟁 기간 중 34명이 전사하였다.

필자는 대한민국이 전쟁의 폐허를 딛고 오늘날 눈부신 번영과 발전을 이룩할 수 있었던 것은 이처럼 전투 파병 16개 나라들을 포함해 세계 67개국의 참전과 지원, 그리고 그들의 숭고한 희생의 열매라고 생각한다. 오래전부터 필자는 대한민국을 위해 고귀한 희생을 아끼지 않은 모든 나라들에 일일이 감사의 마음을 표하고 싶은 간절한 마음이 늘 있었다. 필자의 이 책은 공산화 위기에서 자유대한민국을 지키기 위해 고귀한 희생과 지원을 아끼지 않은 67개국 나라들에 바치는 나와 대한민국 국민 모두의 진심 어린 감사의 편지임을 밝힌다. 다시 한번 전혀 알지도 못하는 나라, 한 번도 만난 적이 없는 사람들을 지키라는 부름에 응했던 총 67개국 유엔군의 참전과 지원 그리고 그 숭고한 희생에 감사드린다. 하나님께서 67개국 모두에게 복을 주시기를 간절히 기원한다.

끝으로 이 책의 편집과 디자인으로 밤낮없는 수고와 헌신으로 부족한 이 책을 작품으로 만들어주신 정한나 선교사님께 감사드린다. 무엇보다 이 책이 나올 수 있도록 산파 역할을 해 주신 이용희 교수님과 에스더기도운동의 사랑하는 동역자분들에게도 깊은 감사를 드린다. 그리고 늘 든든한 기도의 버팀목이 되어주시는 하늘교회 성도님들에게 깊은 감사를 드린다. 또한 일일이 거명하지는 못하지만, 이 책이 나오기까지 보이지 않는 곳에서 기도해 주시고 격려해 주신 모든 분에게도 머리 숙여 감사를 드린다.

2025년 4월 1일

김재동 목사(하늘교회 담임)

목차

추천사 · 5
서문 · 8

01　북한 남침 속 대한민국 구한 세 번의 기적, 우연이 아니다 · 23
02　6.25전쟁은 누가 일으켰나? · 33
03　6·25전쟁 발발 시간의 비밀 · 41
04　해상과 육상에서의 최초 승전보 · 49
05　피로 물든 낙동강 방어선 전투 · 61
06　6.25전쟁과 구국기도회 · 71
07　인천상륙작전 성공의 열쇠, 엑스레이 첩보작전과 장사상륙작전 · 79
08　대역전 드라마, 인천상륙작전의 기적적인 대성공 · 89

6.25전쟁 70주년 기념 국민일보 기획특집
김재동 목사의 잊지 말아야 할 그때 그 역사

09   "대한민국 국군은 38선을 넘어 즉시 북진하라" · 99

10   6·25전쟁과 좌익에 의한 양민 학살 · 109

11   천국 소망과 순교 신앙 · 119

12   보도연맹 사건의 진실은 무엇인가? · 131

13   장진호 전투 · 141

14   기적의 흥남 철수작전 · 153

15   6·25전쟁과 프레데릭 해리스 목사 · 165

16   이승만과 맥아더는 중공군 개입을 예견하고 있었다 · 175

17   6·25전쟁이 가져다 준 뜻밖의 선물, 한미상호방위조약 · 189

참고문헌 · 203

부록   전 세계 공산주의 바이러스 퇴치를 위해 투쟁하라 · 207

01

북한 남침 속 대한민국 구한
세 번의 기적,
우연이 아니다

북한 남침 속 대한민국 구한 세 번의 기적, 우연이 아니다

우리는 6.25전쟁을 잊어서는 안 된다. 왜냐하면 6.25전쟁은 아직 끝나지 않은 전쟁일 뿐만 아니라 반드시 끝내야 하는 전쟁이기 때문이다.

필자는 목회와 함께 매주 6.25격전지 탐방과 6.25전쟁을 기억하는 생존자분들을 만나 인터뷰를 진행하고 있다. 필자가 6.25전쟁에 관심을 갖는 이유는 6.25전쟁이야말로 하나님이 구원하신 역사이며 또한 6.25전쟁이야말로 자유를 지키기 위해 수많은 분들이 피 흘리며 싸운 역사이기 때문이다.

한국 현대사의 가장 큰 비극이라고 할 수 있는 6.25전쟁은 1950년 6

▎ 1950년 6월 28일 서울에 진입한 소련제 T-34 전차

월 25일 일요일 새벽, 압도적인 군사력을 가진 북한공산군의 기습남침공격에 의해 시작되었다. 지상군 약 18만 명, 대포 400여 문, 소련제 탱크 242대 등의 막강한 화력을 앞세워 파죽지세로 밀고 내려오는 북한군의 기습남침으로 4일 만에 대한민국 국군은 절반가량인 44,000여 명이 전사 또는 포로가 되었고 수도서울은 함락되고 말았다.

당시 대한민국은 누가 보아도 패망할 수밖에 없는 상황이었다. 그런데 대한민국은 망하지 않고 기적적으로 살아남았다. 대한민국이 절체절명의 위기에서 망하지 않고 살아남을 수 있었던 원인은 무엇이었나? 그

배경에는 몇 가지 기적 같은 일들이 있었다.

첫째는 트루먼 미국 대통령의 신속한 미군 참전 결심이다. 당시에는 한미상호방위조약이 없었기 때문에 미국은 6.25전쟁에 참전해야 할 이유가 없었다. 더군다나 한반도를 미국 태평양 방위선에서 제외한다는 애치슨 선언이 발표된 뒤였다. 그런 상황에서 미국 대통령 트루먼이 자국이 공격받은 것도 아닌데 그렇게 빨리 미군의 한반도 투입을 결심했다는 것은 기적이다.

둘째는 유엔 상임 이사국 회의에서 유엔이 참전을 결의할 때 소련 대표가 불참한 것이었다. 6.25전쟁을 둘러싼 미스테리 중 하나는 1950년 6월 27일 유엔 안전보장이사회에 소련이 불참, 유엔군 파병안에 거부권을 행사하지 않은 사건이다. 만약 소련 대표가 참석하여 거부권을 행사했다면 유엔군 참전 16개국, 의료지원 5개국, 물자지원 39개국, 전후 복구 7개국, 모두 67개국의 지원은 불가능했을 것이다. 세계전쟁역사에 한 국가를 위해 67개국이 참전한 역사는 기네스북에 기록될 만큼 유례를 찾아볼 수 없는 세계기록이다.

셋째는, 북한 공산군이 서울을 점령한 후, 약 1주일간을 서울에서 지체했다는 것이다. 그 이유는 무엇인가? 그때 김일성은 "인민군이 남으로 침공하여 서울을 점령하기만 하면 남한 내 각처에서 북에 동조하는 인민들의 대대적 봉기가 일어난다. 그러면 우리가 싸우지 않아도 남반부는 스스로 무너진다"라는 박헌영의 말을 믿고, 서울에서 1주일을 기다렸다는 것이다. 그 1주일의 시간이 결국 미군 및 유엔 연합군이 한반도에 진입하는 시간을 만들어 준 것이다.

이런 여러 기적 같은 일들은 다 우연이었을까? 그렇지 않다. 거기에는 분명히 역사를 주관하시는 전능하신 하나님의 섭리가 있었다. 또한 전쟁에 능하신 하나님을 향해 기도했던 기도의 사람들이 있었음을 잊지 말아야 한다.

한편 6.25전쟁이라는 국가적인 최대위기에서 대한민국이 망하지 않고 살아남을 수 있었던 것은 북한 공산군에 맞서 피 흘리며 싸운 국군과 UN군의 수많은 희생이 있었기 때문이다. 특히 미군은 한국을 위해 가장 많은 희생을 치렀다.

미군은 1950년 7월 1일 스미스 대대 장병 540명이 부산에 상륙한 이래 3년 1개월 동안 178만 명이 참전했다. 인천상륙작전, 낙동강 방어 전

1950년 6월 27일(미국시각) 유엔안전보장이사회에서는 유엔주재 소련대사가 불참한 가운데 대한민국을 지원하기 위한 '유엔안전보장이사회 결의 83'(회원국들에게 군사공격을 격퇴하고, 그 지역의 국제평화와 안전을 회복하는데 필요한 원조를 대한민국에 제공할 것)을 7대 1 (기권2)로 가결하였다. 같은 날 트루먼 미국대통령은 더글라스 맥아더 미 극동군 사령관에게 "대한민국에 대한 미 극동 해·공군 지원을 즉각 개시하라"고 명령하였다. ⓒ국가기록원

투, 장진호 전투 등 수많은 전투를 치르면서 전사 5만 4246명, 실종 8177명, 포로 7140명, 부상자 10만3284명 등 17만2847명이 희생했다.

세계 최강국 국민이 약자를 위해 바친 희생은 값지고 숭고했다. 특히 우리에게 감동을 주는 것은 미국 대통령을 비롯해 장관·장군 등 최고위층 아들 142명이 참전해 그중 35명이 전사했다는 사실이다. 아이젠하워 대통령의 아들 존 아이젠하워 육군 중위는 1952년 미 3사단 중대장으

로 참전했고, 워커 8군 사령관의 아들 샘 워커 중위는 미 24사단 중대장으로 참전해 부자가 모두 한국전 참전 가족이 됐다. 워커 장군은 도봉동에서 불의의 교통사고로 순직했다.

밴 플리트 장군은 한국전에서 사단장, 군단장, 8군 사령관까지 오른 인물이다. 그의 아들 지니 밴 플리트 2세도 B-52 폭격기 조종사로 한국전쟁에 참전, 1952년 4월 4일 새벽 평남 순천 지역에 야간출격을 나갔다가 실종됐다. 미 해병 1항공단장 필드 해리스 장군의 아들 윌리엄 해리스 소령은 중공군의 2차 공세 때 장진호 전투에서 전사했다. 미 중앙정보국(CIA) 앨런 덜레스 국장의 아들 앨런 메시 덜레스 2세도 해병중위로 참전해 머리에 총상을 입고 상이용사로 살고 있다. 또 유엔군 사령관 클라크(1896~1984년) 대장의 아들도 참전했다가 부상당했다.

하버드대학은 교내 예배당 벽에 한국전쟁에 참전했다가 전사한 20명의 이름을 동판에 새겨 추모하고 있다. 월터리드 미 육군병원에는 6.25전쟁에 참전했다가 중상을 입은 용사 수십 명이 아직도 침상에 누워 있다.

한편, 한국전쟁에서 미국은 천문학적인 비용을 지출했다. 2009년 미국의 국방정보센터(CDI)는 미 의회조사국 등의 자료를 바탕으로 6.25전쟁 당시 미국이 부담한 전쟁비용을 총 670억 달러로 산출했다. 이를 현재 가치로 환산하면 6910억 달러(약 767조 원)에 달한다. 그들은 이렇게 천문학적 비용을 지불하면서 한국을 도왔다.

미국은 한국을 지키기 위해 전쟁에 필요한 무기, 장비, 탄약 등 물자만 지원한 것이 아니라 한국 국민 전체를 먹여 살리면서 싸웠고 고귀한 생명까지 바쳤다. 만약 하나님께서 미국을 통해 한국을 도와주지 않았으면 자유대한민국은 그때 지구상에서 없어졌을 것이다. 대한민국이 오늘날 경제적 풍요와 함께 자유를 누리며 살게 된 배경에는 6.25전쟁 속에서 기적적으로 이 민족을 구원하신 전적인 하나님의 은혜가 있었음을 잊어서는 안 된다.

02

6.25전쟁은 누가 일으켰나?

6.25전쟁은 누가 일으켰나?

남침 허가 받으려 매달린 김일성…
스탈린, 1950년 4월에 허락

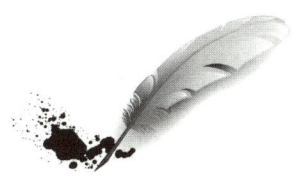

6.25전쟁 발발원인에 대해 한때 북침을 주장하는 사람들이 있었다. 하지만 소련의 붕괴 후 1994년 6월 2일, 김영삼 대통령이 러시아를 방문했을 때 넘겨받은 6.25전쟁 관련 216점, 548면에 달하는 문건과 미국 공문서 보관소에 소장된 약 160만 면에 달하는 문서에서 6.25전쟁이 남침전쟁임이 드러났다.

김일성은 1949년 3월 3일~20일까지 박헌영 부수상 겸 외상 등 6명의 각료와 함께 모스크바를 방문했다. 이때 3월 7일에는 스탈린을 찾아가 군사원조, 무기와 장비 지원을 요청하고 '남침전쟁' 허가를 간청했다. 이때 스탈린은 김일성의 인민군대가 남한 군대에 비해 절대적 우위에 있지 않으며 또한 미국이 남한에 주둔하고 있다는 등의 이유를 대며 거부했다. 당시의 스탈린-김일성 회담기록은 1994년 일부 공개된 '구(舊) 소련 비밀외교문서'에 나와 있다. 1949년 3월 7일 스탈린과 김일성의 회담기록을 보면 김일성은 스탈린에게 이렇게 말했다.

> "스탈린 동지, 상황으로 볼 때 지금 우리가 전체 한반도를 군사적 수단으로 해방하는 것이 필요하고 가능하다고 믿는다. 우리 군대는 남한 군대보다 강하다. 게다가 우리는 남한 내에서 강력히 일고 있는 게릴라 운동의 지지를 받고 있다. 남한의 인민대중들은 친미정권을 증오하고 우리를 도울 것이 확실하다"

이에 스탈린은 이렇게 대답했다. "그대는 남침해서는 안 된다. 세 가지 이유가 있다. 첫째, 무엇보다도 북한 인민군은 남조선 군대에 비해 압도적으로 우월하지 못하다. 둘째, 남한에는 아직도 미군이 있다. 적대관계가 일어나면 미군이 개입할 것이다. 셋째, 38선에 관한 미·소 협정이 아직 유효하다. 이 사실을 잊어서는 안 된다. 이 협정이 우리 측에 의해 파기된다면 그것은 미국이 개입할 수 있는 이유가 된다."

스탈린은 남침 허가 대신 북한과 경제문화협정 등을 체결했다. 이는

▌ 김일성은 1949년 3월, 박헌영 부수상 겸 외상 등 6명의 각료와 함께 모스크바를 방문했다. 이 기간 중 김일성은 3월 7일에 스탈린을 찾아가 군사원조, 무기와 장비 지원을 요청하고 '남침전쟁' 허가를 간청했다.

명목상의 협정일 뿐 가장 중요한 것은 3월 17일에 체결된 조·소 군사비밀협정이었다. 이 협정에 의해 소련은 북한에 6개 보병사단, 3개 기계화부대, 8개의 국경수비대대에 필요한 무기와 장비, 그리고 정찰기 20대, 전투기 100대, 폭격기 30대를 제공하기로 약속했다. 또한 120명의 특별군사고문단을 1949년 5월 20일까지 파견하기로 했다.

북한은 소련과 군사비밀협정을 체결한 다음날인 3월 18일, 모스크바에서 소련 당국의 주재 아래 "조·중 상호방위협정"을 체결했다. 주요내용은 다음과 같다 "양측은 여하한 성질의 침략에 대하여도 공동방위를 한다. 또 어떠한 제국주의 세력이든 북한 또는 중공의 일방을 공격하는 경우, 양국은 그 제국주의 세력에 대한 공동전쟁에 있어 공동행동을 취한다." 이는 만약에 타국이 북한을 공격하면 중공이 개입하겠다는 확고한 의지를 표명한 것으로서 북한이 남침전쟁을 도발하는데 결정적인 도움을 준 협정이라 할 수 있다.

이어 김일성은 1950년 3월 30일~4월 25일까지 스탈린을 재차 찾아가 남침을 허가해 달라고 끈질기게 간청했다. 소련 공산당 중앙위 국제국이 작성한 '1950년 3월 30~4월 25일 김일성의 소련 방문 건'이라는 문서에 의하면 4월 10일 회담에서 스탈린이 김일성의 남침을 허락한 것으로 당시 정황을 기록하고 있다. 이때 스탈린이 김일성의 간청을 수락한 이유는 다음과 같다. 첫째, 인민군대 군사력이 남한에 비해 절대적으로 우세하게 육성됐다. 남한의 군사력 즉 무기, 장비가 미약하고, 전투병력이 전투 경험이 없다. 둘째, 국제정세가 유리하게 변했다. 예를 들면 중공군이 중국대륙을 공산화하고 1949년 10월 1일 공산국가를 수립했다. 이제 중공이 북조선의 남침전쟁을 도울 수 있게 되었다. 또한 미군이 지난 1949년 6월 남한에서 철수하고 1950년 1월 12일에는 애치슨라인을 통해

■ 김일성은 1950년 3월 30일부터 4월 25일까지 소련이 제공한 특별기를 타고 두 번째로 모스크바를 방문, 스탈린과 세 차례 회담했다. 결국 스탈린은 1950년 4월 10일 김일성에게 남침전쟁을 승인했다.

남한을 극동방위권에서 제외했다.

남침을 허가한 스탈린은 바실리에프 장군으로 하여금 남침전쟁 작전계획을 작성토록 지시했다. 바실리에프 중장에 의하여 작성된 김일성의 남침전쟁계획은 3단계 작전으로 만들었다. "제1단계 작전은 38선을 돌파하여 2일 만에 서울을 점령한 후 수원, 원주, 삼척을 잇는 선까지 5일 안에 진격하고, 제2단계 작전은 그로부터 14일안에 군산, 전주, 대구, 포항을 잇는 선까지 진격한다. 제3단계는 그 후에 10여일 안에 목포, 여수,

사천, 마산, 부산을 잇는 남해일대를 점령하여 전쟁을 종결한다."

이와 관련하여 북한의 "조선전사"는 다음과 같이 기술하고 있다. "우리의 전략계획은 미 제국주의자들의 대병력이 동원되기 전에 이승만 괴뢰군대와 이미 우리 강토에 침습한 미군을 단시일 내에 소탕하고 인민군대가 부산, 마산, 목포, 여수, 남해선까지 진출하여 우리 조국강토를 완전히 해방하여 인민군대를 전 조선 땅에 기동성 있게 배치함으로써 미 제국주의자들이 상륙하지 못하도록 하는 데 있다."

이상 여러 자료들을 통해 6.25전쟁은 쌍방 간의 과실에 의해 벌어진 단순한 민족상잔의 비극이 아니라 스탈린과 김일성에 의해 철저히 기획된 명백한 남침전쟁임을 알 수 있다. 누구보다도 북한 김일성 집단의 의도를 꿰뚫고 있었던 이승만 대통령은 1950년 7월 19일 트루먼 미국 대통령에게 이렇게 편지했다. "이 전쟁은 남과 북의 대결이 아닙니다. 이 전쟁은 우리나라의 반을 어쩌다 점거하게 된 소수의 공산주의자들과 압도적 다수의 한국 시민들 사이의 대결입니다."

03

6·25전쟁 발발 시간의 비밀

6·25전쟁 발발 시간의 비밀

**북한, 남침 1시간 전
옹진반도 집중 포격 … '북침' 유도했다.**

북한공산군의 남침은 1950년 6월 25일 새벽, 서쪽 옹진반도부터 공격을 시작해 개성, 동두천, 포천, 춘천, 주문진으로 확대됐다. 옹진반도는 국군 제17독립연대가 방어하고 있었다. 6월 25일 새벽4시가 되자 북한은 30분간 옹진반도를 향해 엄청난 양의 화력을 집중적으로 퍼부었다. 그러나 다른 지역에서는 아직 조용했다. 새벽5시가 되어서야 38선 전역에서 포사격이 이루어졌고 30분이 지나서야 일제히 38선 전 지역에서 공격해 들어왔다. 그러면 옹진반도는 왜 다른 지역보다 한 시간 먼저 공격이 이루어졌을까? 이는 북침을 유도하기 위해서였다. 6·25전쟁의 남침 시각이 새벽 4시냐 또는 5시냐 하는 문제는 매우 중요하다. 왜냐하면 여기에 북한의 기막힌 계략이 숨어있기 때문이다.

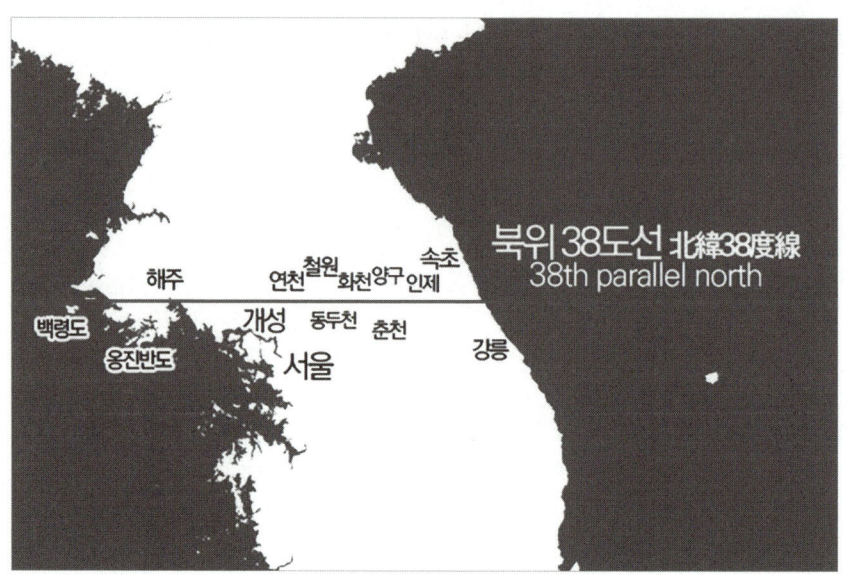
▎ 1950년 6월 25일 새벽 4시. 북한공산군은 서해안 옹진반도에 30분 동안의 첫 포격을 시작으로 남침을 개시했다.

이 분야에 있어서 최고의 권위자인 배영복 장군은 『전쟁과 역사』에서 이렇게 밝혔다.

"지금까지 많은 사람들은 북한의 전면 남침 시각을 6월 25일 새벽 4시로 알고 있다. 그러나 새벽 4시란 근거는 어디에도 없다. 오히려 공격 개시 시간이 '6월 25일 5시'라는 근거는 여러 군데서 발견됐다. 포로를 통해 획득한 기밀문서들 속에서 공격 시간은 '5시'라고 기록한 메모 수첩이 여럿 발견된 것이다. 적 2사단의 경우 공격 개시 시간을 05:00로 기록했고, 전투유공자 표창을 올리는 문서에도 '5시'로 돼 있다. 적 2사단 자주포대대 3중대 1소대장 박영희의 공적서는 '1950년 6월 25일 5시부터 상부의 명령에 따라 38도선 전투에서 성과는…'으로 시작된다. 이보다 더 확실한 근거가 있다. 이날 KBS라디오는 북한의 남침 소식을 알리는 첫 방송(7시 뉴스)에서 '6월 25일 새벽 5시'라고 발표했고, 12시 뉴스에서는 '아침 5시부터 8시 사이에 남침해 왔다'고 보도했다. 이는 육군본부 상황실의 통보를 받고 국방부 정훈국장(이선근 대령)이 직접 보도 문안을 작성한 뉴스였다."

이렇게 볼 때 전면 남침 시각은 4시가 아니라 5시로 보는 것이 옳다. 그런데도 지금까지 전면 남침 시각이 새벽 4시라는 것이 마치 정설처럼 된 것은 옹진반도의 포격시간을 근거로 했기 때문이다. 하지만 옹진반도는 다른 지역보다 한 시간 먼저 공격을 받았을 뿐이다.

1950년 6월 25일 육군 제17독립연대는 LST-801함(전쟁사 자료 인용)을 타고 옹진반도에서 철수하여 6월 26일에 인천항에 도착했다.

새벽4시에 38선 모든 지역이 아닌 옹진반도에만 30분에 걸쳐 포사격이 시작된 것은 옹진을 지키고 있는 국군17독립연대로 하여금 해주로

▌ 1950년 6월 25일 육군 제17독립연대는 LST-801함(전쟁사 자료 인용)을 타고 옹진반도에서 철수하여 6월 26일에 인천항에 도착했다.

북침하도록 미끼를 던지기 위해서였다. 17연대가 조금이라도 북으로 공격해 들어오면 그를 빌미로 38선 전역에서 총반격을 개시한다는 시나리오가 설정돼 있었다. 그러나 17연대는 초전에 와해돼 반격은커녕 사상자 추스르기에도 급급했다. 결국 2719명 중 750명의 사상자를 내고 25일 저녁 육군본부로부터 철수명령을 받았다. 17연대는 해군수송선 LST를 타고 26일 아침 인천으로 철수했다. 17연대가 해주를 공격하지 않음으로써 북한의 시나리오는 처음부터 불발됐다.

그로인해 김일성은 새벽 5시를 기해 전 38선 전역에 걸쳐 30분간 포사격을 감행하였고 이후 5시 30분부터 전면 남침을 개시한 것이다.

한편, 보병으로 참가한 인민군 병사 중에는 시인이 있었다. 그가 지닌 수첩에서 여러 편의 '전쟁 시'가 발견됐는데 그 가운데 '몹시도 기나긴 38선의 밤 빗발이 쏟아지는 속에서 하룻밤을 새는구나 때는 엄숙한 시간이 찾아왔다 태양이 환하게 떠오르는 아침 하늘……우리들은 전 인민과 함께 적의 포연탄우 속에 뛰어들었다'는 구절이 나온다. 여기서 '태양이 환하게 떠오르는 아침 하늘'이란 새벽 5시 30분 이후의 시간을 의미한다.

김일성은 측근에게도 남침 사실을 철저히 은폐하기 위해 6월 25일 새벽 3시에 비상내각회의를 소집했다. 김일성은 그 자리에서 "동지들, 매국역적 이승만 군대가 38선을 넘어 공화국에 1~2km를 무력침공 해왔습니다. 나는 최고사령관으로서 인민군대에게 '반격명령'을 내렸습니다. 승인하는 결정을 채택하여야 합니다"라고 제안했고, 회의에서는 만장일치로 채택됐다(전 내무성 차관 강상호의 증언). 그 후 새벽 4시에 옹진반도에 대한 포격을 감행한 것이다. 각료들까지 속인 참으로 기막힌 계략과 연출이다.

▌ 2017년 8월 17일(목), 6.25개전 초기 옹진반도를 지키던 육군 제17독립연대 참전용사들이 보은 행사에 함께 했다.

　북한의 남침 사실은 아무리 은폐해도 증거는 많다. 총사령부가 사단에 내린 정찰명령 1호(1950.6.18)와 전투명령 1호(1950.6.22)가 있으며, 특히 소련 기밀문서가 공개되면서 김일성의 '남침' 사실이 밝혀졌고, 1992년에 옐친 대통령이 한국을 방문한 이후 러시아 교과서에 "6·25전쟁은 북한에 의한 남침"이라고 분명히 명시했다. 또 흐루시초프의 회고록, 유성철·이상조의 증언 등 수없이 많다.

04

해상과 육상에서의 최초 승전보

⋮

해상과 육상에서의 최초 승전보

**대한해협 해전과 춘천 전투,
전쟁의 흐름을 바꿨다**

6·25전쟁 중에는 절체절명의 대한민국을 구한 수많은 전투가 있었다. 그 중 6·25개전초기에 해상과 육상에서 최초로 적을 물리친 대한해협 해전과 춘천 전투를 소개하고자 한다.

대한해협 해전

6·25전쟁 발발 후 북한군은 가장 먼저 동해안의 정동진과 옥계지역에 해상을 통해 상륙하였다. 이에 적 상륙부대를 격멸하기 위해 진해항에 있던 당시 국내 유일의 전투함인 백두산함에게 긴급출동명령이 떨어졌다. 한편 6월 25일 새벽에 북한의 무장특수부대 600여 명을 태운 1000톤급 무장수송선이 38선을 넘어 부산으로 항해를 하고 있었다. 이

■ 6·25전쟁 발발 당시 국내 유일의 전투함인 PC-701(백두산함) ⓒ 대한민국국군

들의 목적은 부산에 침투하여 적 후방을 교란하는 것이었다. 하지만 해군은 부산으로 향하고 있는 적함의 존재를 전혀 눈치 채지 못했다.

그런데 옥계지역으로 출동명령을 받고 북상을 하던 백두산함은 부산 앞바다에서 6월 25일 저녁 8시 12분에 우연히 괴선박을 발견했다. 자정이 되도록 교신을 시도하였으나 아무런 답변이 없자 적함으로 확신한 최용남 중령은 승조원 60여 명의 장병들을 향해 "김일성 공산당은 우리의 적이다. 일단 전투에 들어가면 이제 다시 만나지 못할 수도 있다. 전

▌ 2019년 4월 7일(주일), 대한해협 승전의 역사를 증언하는 최영섭 예비역 대령(92세, 당시 백두산함 갑판사관)

원 죽기를 각오하고 싸우자"라는 말을 하고 6월 26일 새벽 12시 30분에 적함을 향해 공격명령을 내렸다. 당시 갑판사관이었던 최영섭 예비역대령은 다음과 같이 증언하고 있다.

"오후 3시, 목선전투함 512정과 함께 백두산함이 출발해 부산의 오륙도 바깥에서 28도로 올라갔다. 오후 8시 10분경 울산 앞바다까지 갔을 때 오른쪽 견지병 조병호 3조가 우현 45도 수평선에 검은 연기가 난다고 보고를 하였다. 당시 배는 연기가 많이 났다. 그 순간 내 마음속에 그곳으로 가서 어떤 배인지 눈으로 확인해야겠다는 생각이 들었다. 이것이 하나님의 계시였다.

우리 백두산함은 15노트 속력으로 검은 연기가 나는 방향으로 달렸다. 저녁 9시 30분경에 연기를 뿜으면서 남하하는 배가 눈에 들어왔다. 쌍안경으로 보니 선체를 새까맣게 칠하고, 국기도 없고, 배 이름도 없었다. 발광 신호로 국적, 출발지, 목적지를 밝히라고 했으나 아무 응답 없이 계속 항진했다…. 두 시간 반을 추격했다. 가까이 가서 쌍안경으로 보니 앞에 대포가 있고, 갑판에는 무장군인이 가득한 모습이 보였다. 이것은 분명히 북한군이라고 판단했다. 적함의 크기는 우리보다 두 배쯤 컸고, 약 1,000톤은 넘어 보이는데 갑판에 있는 병력만도 족히 500명 이상은 될 것 같았다. 북한군의 배라는 확신이 들자 함장의 지시에 따라 장교들 8명이 모두 모였다. 전쟁이다! 싸우자! 이 생애의 마지막 물일지도 모른다고 하면서 맹물로 건배를 했다. 나는 포수분대와 갑판분대를 맡고 있어 갑판으로 올라갔다. 마침내 26일 새벽 0시 10분에 해군본부로부터 격침 명령이 떨어졌다."

12시 30분부터 적함과의 치열한 교전이 오갔다. 새벽 1시 10분부터 적함이 침몰하기 시작하더니 새벽 1시 38분이 되었을 때 북한군 600여

▎1950년 6월 26일 새벽 1시 38분, 북한 무장 특수부대 600여 명을 태운 1000톤급 무장수송선을 침몰시키는 PC-701(백두산함) 대한해협해전도 ⓒ전쟁기념관

명을 태운 무장수송선은 부산 앞바다에 완전히 침몰하였다. 이것이 바로 6·25전쟁 최초의 승전인 대한해협 해전이다.

이 빛나는 승전의 과정에는 전병익 중사와 김창학 하사의 고귀한 희생이 있었다. 전병익 중사는 적탄에 의한 흉부 관통으로, 김창학 하사는 파편상으로 내장이 밖으로 흘러나오는 중상을 입고 전사하였다.

전병익 중사와 김창학 하사는 숨이 끊어지는 마지막 순간에 "적함은

▎ 대한해협 전투 한 달 전인 1950년 5월 22일 진해 제2부두에서 찍은 백두산함 승조원 기념사진
사진제공: 최영섭 대령

어찌 되었습니까?"라고 외쳤다. 그리고 적함이 침몰되었다는 소식을 듣자 둘 다 '대한민국…'이라는 말을 남기고 운명하였다. 대한해협 해전에서 백두산함이 적함을 침몰시키지 못했다면 부산항은 적의 수중에 점령당해 UN군이 들어오기도 전에 대한민국은 공산화되었을 것이다.

춘천 전투

6·25전쟁이 발발할 때 당초 북한군의 계획은 북한군 1군단을 개성, 문산과 동두천, 포천 방면에 투입해 38선을 돌파한 후 서울을 점령하고,

북한 2군단을 화천, 춘천, 인제, 홍천 방면에 투입해 춘천과 홍천을 각각 점령한 후 서울 동남쪽과 수원 방향으로 진격해 들어가서 후퇴하는 국군을 포위 섬멸하는 것이 북한군 작전의 핵심이었다. 북한군 2군단 중 춘천 방면에 대한 공격은 제2사단이 맡고 있었다. 이청송 소장이 지휘하는 제2사단은 전쟁 발발 직전인 1950년 4월에 실시한 북한군 자체검열에서 최우수부대로 선정될 정도로 전투력을 인정받고 있는 사단이었다. 따라서 이들에게는 6·25남침에 있어서 가장 중요한 춘천 점령의 임무가 주어졌다.

북한군 제2사단의 작전계획은 38선을 뚫고 모진교를 지나서 하루 만에 옥산포, 소양강, 춘천을 점령한 후 수원 이남으로 진격해 들어가는 것이었다. 이러한 남침 계획대로 북한군은 전쟁발발 30분 만에 모진교를 점령하고 옥산포를 지나게 되었다. 그런데 옥산포에서 문제가 발생하였다. 바로 옥산포 전투가 벌어진 것이다. 이 옥산포 전투가 6·25전쟁의 양상을 완전히 바꾼 것이다. 당시 6사단 7연대는 옥산포를 지나고 있는 북한군을 향해 일제히 사격을 퍼부었다. 거침없이 내려오던 북한군은 뜻밖의 기습으로 큰 타격을 입고 하루 동안 옥산포를 넘지 못하게 되면서 하루 만에 춘천을 점령하려는 작전계획이 실패하게 되었다.

▌ 1950년대 춘천시가지. 봉의산과 소양강 너머 저 멀리 옥산포 평야가 보인다. 춘천전투 당시 봉의산과 소양강이라는 천혜 방어물이 있었기 때문에 3일 동안 공산군을 막아설 수 있었다.

옥산포 전투에서 국군이 승리할 수 있었던 것은 6사단 7연대장이었던 임부택 중령이 전쟁을 예측하고 미리 한 달 전에 우두산 8부 능선에다 참호를 설치하였기 때문이다.

그래서 전쟁이 발발하면서 북한군이 38선을 뚫고 내려올 때 국군은 우두산 참호에서 밀려오는 북한군을 상대로 큰 전과를 올릴 수 있었다. 아울러 김성 소령이 지휘하는 6사단 포병대대는 적 1개 연대를 괴멸시키는 큰 전과를 올리기도 하였다.

비록 춘천이 적에게 점령되기는 했으나 국군 6사단이 적의 침략을 3일 동안 막아주었기 때문에 북한군의 '수도권외곽 포위작전'은 완전히 수포로 돌아가게 되었고 남한을 조기에 점령하려고 했던 북한군의 계획은 큰 차질을 빚게 되었다.

05
피로 물든 낙동강 방어선 전투

⋮

피로 물든 낙동강 방어선 전투

다부동 방어선에 몰려온 북한군 2만1000명, 8200명의 사투로 막아내

6·25전쟁 발발 후 40여 일만에 낙동강 이남지역을 제외한 남한의 전 지역이 북한 공산군에 의해 점령을 당했다. 결국 미 8군사령관 워커장군은 중대한 결단을 내려야 했다. 더 이상 물러설 곳이 없다는 판단에서였다. 8월1일 워커 사령관은 낙동강과 그 상류 동북부의 산악 지대를 잇는 최후의 방어선을 구축한다. 이른바 '낙동강 방어선'이었다. 낙동강방어선의 핵심이 바로 칠곡 왜관이었다. 이곳을 거점으로 동북쪽은 국군이, 서남쪽은 미군이 맡았다. 최후의 배수진인 만큼 전투는 치열했다.

칠곡에는 왜관 뿐 아니라, 다부동 전투와 가산 전투, 수암산 전투, 유학산 전투, 또 12일간 15차례나 이 고지의 주인이 뒤바뀌는 치열했던

낙동강 전선에서 북한 공산군의 위협으로부터 전선을 방어하는 국군장병들. 이들은 맥아더 유엔군 사령관의 성공적인 인천상륙작전 때까지 최후 방어선을 성공적으로 사수했다.

328고지 전투, 369고지 전투 등의 수없는 전투가 치러졌던 곳이다. 그중에서도 가장 치열했던 곳이 왜관 동북쪽 다부동이었다. 다부동은 대구로 가는 길목으로 전략적 요충지였다. 이곳이 뚫리면 대한민국은 공산화될 수밖에 없는 운명이었다. 적의 주력부대가 칠곡 다부동에 집중된 이유가 여기에 있었다.

전쟁을 일으킨 김일성은 그해 8월 15일 부산에서 통일기념식을 갖겠다고 호언장담했지만 여의치 않자 8월 15일을 대구 점령의 날로 정하고 총공세에 나섰다. 이른바 8월 총공세였다. 적은 수중교를 가설해 낙동강을 넘어왔다. 동시에 주력부대를 다부동 일대에 집결시켰다. 전세는 아군에게 극히 불리했다. 병력 규모만 따져봐도 골리앗과 다윗의 싸움이었다. 북한군은 주력부대인 13사단, 3사단, 1사단, 15사단 등 2만1천여 명의 병력을 다부동 일대에 투입해 대구 점령을 노렸고, 이에 맞서 아군은 국군 1사단과 7사단 3연대 1대대, 8사단 10연대, 미군 27연대와 23연대가 적의 절반에도 못 미치는 8천200여명의 병력으로 맞섰다. 뺏고 뺏기는 전투는 8월의 더운 날씨만큼 뜨거웠다. 328고지, 유학산, 수암산, 가산 등 다부동 일대의 주요 고지에서는 연일 치열한 전투가 벌어졌다.

특히 8월13일부터 12일간 전투가 벌어진 328고지에서는 고지의 주인이 15번이나 바뀔 만큼 치열했다. 한 번 전투를 치르고 나면 전우의 절반이 사라지고 없었다. 죽은 전우를 땅에 묻을 시간도 없이 싸우고 또 싸워야 했다. 더 끔찍한 것은, 고지 전체가 바위산이기 때문에 호를 파기 어려워 병사들의 시신을 쌓아올려 방호막으로 사용해야만 했다.

당시 일등중사였던 황대형 노병의 증언은 다음과 같다.

"내가 맡았던 다부동 전선 서부의 328고지 위에서는 한참 싸움이 벌어질 때 온전한 시체가 남아 있질 않았다. 모두 찢기고 해진 시신 조각들이 나무나 바위 등에 걸쳐 있는 상태였다. '시체를 쌓는다'고 하지만 그런 말은 틀렸다. 부패한 시신은 절대 쌓이지 않는다. 미끄러져 흘러내리기 때문이다. 건빵 먹는 것을 보고 고참병인지 신병인지 판단할 정도다. 병사들은 건빵 두 봉지를 배급 받았는데, 고참병은 한 알 두 알씩 꺼내서 천천히 먹는다. 신병은 배가 고파 마구 먹는다. 고참병들은 건빵을 먹는 대로 갈증이 몰려 올 것이라는 것을 안다. 그래서 천천히 먹으면서 갈증을 피한다. 신참은 허겁지겁 먹고 목이 메어 물을 마시려고 산에서 내려가다가 총격으로 목숨을 잃는 일이 잦았다. 당시 국군 1사단은 태반이 전라도 출신 병력이었다. 사단의 첫 출발지가 호남 지역이었기 때문이다. 그러나 신병으로 충원되던 병력의 대부분은 대구를 비롯한 경상도 병력이었다. 말하자면 다부동 전투는 영·호남이 한데 뭉쳐 적을 막아낸 싸움이다."

당시 중대장이었던 박형수 노병은 다음과 같이 증언했다.

"다부동 그 지역에 328고지라고 있어요. 거기에 인민군이 낙동강을 건너와서 교두보를 확보했어요. 이제 제트기가 와서 네이팜 탄 그리고 뒤에서 미군 155mm포가 사흘을 내리 퍼부었어요. 푸른 산이 빨

▮ 1950년 8월 13일부터 12일간 고지의 주인이 15차례나 뒤바뀌는 혈전을 거듭하면서 지켜낸 낙동강 지역 328고지

같게 될 정도로 다 타버렸어요. 그래가지고 상부에서 우리 대대로 하여금 328고지를 점령하라는 작전 명령이 내려와서 공격을 시작했는데 탄알이 비오듯 떨어지는 거예요."

『낙동강』(류형석 지음)이라는 책에 보면 당시 상황이 자세히 기록되어 있다.

"328고지 정상 주변에 2천여구의 시체가 널려 있었다. 328고지는 더 이상 인간세계가 아니었다. 검게 탄 시체, 팔다리가 잘려나가고 창자가 터져 나오고, 살점이 떨어져 나간 시체가 땅바닥에 널려 있고, 나뭇가지에도 걸려 있다. 숨이 붙어 있는 사람의 신음과 비명과 절규, 염천의 열기에 풍선처럼 부풀어 오르던 시신의 배가 '펑'하고 터질 때는 수류탄이 날아온 줄 착각하고 또 한번 놀랜다. 파리떼가 극성을 부리고, 악취가 진동하여 숨을 쉴 수가 없다."

낙동강방어선 전투의 영웅 주한 미8군 사령관 워커장군은 전황이 불리한 상황에서 다음과 같은 사수(死守) 훈령을 내렸다. "우리는 지금 시간과 싸우고 있는 것이다. 북한군이 먼저 부산을 점령하느냐, 아니면 맥아더 원수가 보내기로 한 증원 병력이 먼저 도착하느냐가 문제이다. 지금부터는 더 이상의 철수나 후퇴는 있을 수 없으며, 더 이상 물러설 곳도 없다. 부산까지 후퇴한다는 것은 사상 최대의 살육을 의미하는 것으로 우리는 끝까지 싸워야 한다."

▌ 낙동강 방어선을 끝까지 지켜내 인천 상륙작전의 발판을 만든 주한 미8군 사령관 워커장군(Harris Walton Walker, 1889~1950)

6·25전쟁을 기념하여 대한민국 국

민 모두가 알아야 하는 것이 있다. 오늘날 우리가 누리고 있는 이 자유는 결코 거저 주어진 것이 아니라 이렇게 많은 분들의 희생의 댓가로 주어진 고귀한 선물이라는 사실이다. 나라를 위해 피흘려 싸우신 모든 분들에게 감사를 드린다.

06
6.25전쟁과 구국기도회

6.25전쟁과 구국기도회

**2주일 밤낮 회개한 구국기도회 결과,
기적 같은 인천상륙작전 대성공**

6.25전쟁 발발 후 40여 일만에 낙동강 이남인 대구, 부산, 마산 등의 몇몇 지역을 제외한 남한의 전 지역이 북한 공산군에 의해 점령을 당했다. 이제 낙동강 방어선만 뚫리게 되면 대한민국은 지구상에서 영원히 사라지게 되는 절체절명의 위기에 놓여 있었다.

이때 한국교회는 하나가 되어 초량교회, 중앙교회, 항서교회, 광복교회, 구경남도청, 부산구덕운동장, 해운대 백사장 등 여러 장소에 모여 위기에 처한 나라를 구원해 달라고 하나님께 간절히 기도하였다.

특히 부산 초량교회에서는 전국에서 피난 온 약 250여 명의 목회자

1950년 8월 말부터 부산초량교회에서 시작된 통회자복기도회에서는 250여 명의 목사, 장로들이 모여 신사참배의 죄를 회개하며 절체절명에 빠진 나라를 위해 간절히 기도하였다.
ⓒ 초량교회

와 장로들이 모여 한상동 목사, 박형룡 목사, 박윤선 목사를 중심으로 8월말에서 9월 중순까지 2주간 동안 국난극복을 위한 구국기도회가 열렸다. 설교와 기도로 이루어진 첫째 주간의 집회 가운데 회개의 은혜가 임하기 시작했다.

회개의 기도는 매일 밤낮으로 계속되었고 간절한 마음으로 하나님께 부르짖었다고 한다. 특히 "신사참배를 통해 우상숭배의 죄를 범한 것을 회개했으며 성도들과의 간음죄와 양떼를 버리고 먼저 도망 나온 비겁한 마음들을 회개하오니 부디 나라와 민족을 구원해 주십시오"라고 통곡하며 기도했다. 이 회개기도에 참가했던 초량교회 강월남 집사는 당시 목사와 장로들의 회개는 참으로 진지했고 그 기도회가 얼마나 간절하고 뜨거웠던지 기도회가 끝날 무렵엔 모두가 기진맥진한 상태였다고 증거하였다.

또한 당시 절박한 심정으로 기도한 어느 목회자는 이렇게 증언하였다.

"초량교회 마룻바닥에서 놀라운 회개운동이 일어났습니다. 목사님들이 과거 신사참배 한 죄부터 개인의 죄, 민족의 죄를 있는 대로 다 털어놓으니 예배당 마룻바닥이 목사님들의 눈물과 콧물로 범벅이 되었습니다. 어느 목사님은 눈물로 범벅되면서 깊게 외치는데 인민군을 압록강까지 쫘-악 밀고 올라가는 것 같더랍니다. 그렇게 회개하고 기도하고 울부짖은 후 인천상륙작전이 이루어진 겁니다. 역사적으로 나타난 것은 인천상륙이지만 영적인 발동은 기도하고 찬미하는 초량교회 마룻바닥에서 먼저 시작된 겁니다. 하나님의 백성들이 한자리에 모여 합심하여 기도하고 찬미할 때에 예상 안 했던 엄청난 기적이 나타났습니다."

그렇게 부산초량교회에서 있었던 밤낮 없는 회개기도의 결과 인간적으로 볼 때에는 성공할 확률이 1/5000도 되지 않는다는 인천상륙작전이 성공하게 된 것이다. 전쟁역사에 길이 빛날 인천상륙작전으로 '독 안에 든 쥐'가 된 공산군은 낙동강 전선에서 혼비백산하여 퇴각하기 시작하면서 전세는 역전되었고 9월 28일에는 빼앗겼던 서울을 다시 되찾게 되었다.

당시 맥아더 장군은 서울을 수복하고 난 다음 날인 9월 29일, 수도 서울의 환도식(還都式)에서 이승만 대통령에게 "하나님의 은혜로 인류의 가장 큰 희망의 상징인 UN깃발 아래서 싸우는 우리 군대는 한국의 수도를 해방하게 되었습니다."라고 말하며 "대한민국 수도 서울을 이승만 대통령 각하가 영도하는 대한민국 정부에 돌려드립니다. 오늘의 승리는 오로지 하나님의 도우심이 없었다면 불가능했을 것입니다. 이제 서울시민들은 공산군의 압제에서 해방되어 자유와 인권을 되찾게 되었습니다."라고 선언했다. 이승만 대통령도 맥아더장군의 손을 잡으며 "대한민국을 되찾게 도와주신 하나님께 감사드린다."며 감격의 눈물을 흘렸다.

박윤선 목사는 훗날 다음과 같이 고백하였다.

1950년 9월 5일 구 경남도청에서 열린 구국기도회에서는 76명의 목사들이 국난에 처한 대한민국을 위해 간절히 기도하였다. ⓒ 한국저작권 위원회

"9.28 서울수복이 있기 전에 초량교회당에서 열렸던 피난교역자 부흥회를 나는 잊을 수 없다. 사흘째 되던 날 새벽으로 기억되는데, 그 시간에 참석한 교역자들의 거의 대부분이 크게 통회하며 자복하는 회개를 시작하였다. 그 뼈아픈 회개는, 각자가 과거 일제의 핍박시에 신사참배를 한 그 죄로 인한 것이었다. 나도 단 한 번이지만 신사참배를 한 범과가 있으므로 나는 언제나 그 일로 인하여 원통함을 금할 수 없었는데, 이 때에 그 죄를 회중 앞에 고백하였던 것이다. 우리 하나님께 감사와 찬송을 드리는 것은, 이처럼 교역자들의 통회, 자복의 회개가 있은 후에 유엔군이 승리하고, 공산군은 38선 이북으로 물러가게 된 사실이다. 회개의 사건에 뒤이어서 승전한 것은 참

으로 우연한 일이 아니라 하나님께서 그의 능력으로 도와주신 결과입니다."

6.25전쟁은 단순한 전쟁이 아니라 기도로 승리한 영적전쟁이었다. 하나님은 6.25전쟁 발발 이후 휴전협정이 맺어지는 1953년 7월 27일까지 3년 동안 계속된 전쟁의 와중에서 이 나라를 위해 기도한 교회의 기도에 응답하셔서 마침내 대한민국을 지켜주셨던 것이다.

우리는 6.25전쟁의 역사를 통해 대한민국을 공산화하기 위해 기습 남침한 북한의 공산군들과 싸우다 전사한 수많은 이들의 희생과 함께 위기에 처한 나라를 위해 생명을 다해 하나님께 부르짖었던 수많은 성도들의 기도가 있었음을 결코 잊어서는 안 될 것이다.

07

인천상륙작전 성공의 열쇠, 엑스레이 첩보작전과 장사상륙작전

⋮

인천상륙작전 성공의 열쇠, 엑스레이 첩보작전과 장사상륙작전

인천상륙작전의 성공배경에는 55일 동안의 낙동강 방어선 전투와 함께 중요한 작전이 있었다. 엑스레이 첩보작전이 바로 그것이다. 1950년 9월 15일 개시된 인천상륙작전을 앞두고 맥아더 사령부는 경인지역 북한군의 병력으로 서울 제18사단 5천명, 인천경비여단 1천명, 김포 제31여단의 1개 대대 500명 등 2만여 명으로 추산했다.

1950년 9월 15일 예정된 인천상륙작전의 성공을 위해서는 북한군의 배치 현황과 방어진지, 보급선, 해로에 매설한 기뢰여부, 상륙지점의 지형 등에 대한 정확한 정보가 필요했다. 맥아더 장군은 인천상륙작전에 필요한 정보를 수집하기 위해 '엑스레이(X-RAY)'라는 이름의 대북 첩보작

▌ 해군 영흥도 전적비(인천광역시 옹진군 영흥면 내리 산314)

전을 당시 해군 총참모장 손원일 제독에게 지시한다. 이에 해군 정보국장인 함명수 소령은 자신을 포함해 비밀리에 선발한 요원까지 총 17명의 인원으로 작전에 나섰다. 첩보부대 요원은 김순기 중위, 장정택 소위, 임병래 소위와 정성원·박원풍·차성환·한유만·홍시욱 하사관 등 모두 결혼을 하지 않은 총각들이었다. 이는 기밀유지를 위한 조치였다. 비밀 유지 때문에 파혼당한 대원도 있었다. 바로 장정택 소위였다. 결혼식과 신혼살림을 함께 준비하던 예비신랑이 아무 연락도 없이 갑자기 사라지니 약혼자 입장에서는 황당할 수밖에 없어 결국 파혼을 당한 것이다.

8월 18일 0시 부산항을 출발한 비밀 첩보부대는 24일 인천의 관문인 영흥도에 잠입해 본격적으로 임무를 시작했다. 영흥도를 거점으로 정보 분석 임무는 장정택 소위팀이 맡았다. 인천 등으로 잠입해 정보수집 임무를 맡은 김순기 중위, 임병래 소위 팀 등 3개 팀이 이 작전에 나섰다. 북한군과 민간인 복장으로 위장해 인천 시내로 잠입하거나 월미도의 해안 방어태세를 확인하기 위해 작업 인부로 가장해 상황을 탐지했다.

인천·수원 등을 드나들며 정보를 수집할 수 있었던 것은 권상우와 김정국 두 사람의 현지 첩보대원들이 통행증 문제를 해결해 줬기 때문이다. 이렇게 수집된 정보는 9월 1일 영흥도에 은밀히 상륙한 미 극동군사령부 정보국 소속 클라크 해군 대위가 이끄는 팀을 통해 극동군사령부로 송신됐다.

9월 13일, 인천상륙작전을 위한 모든 준비를 완료한 극동군사령부는 작전 개시가 임박함에 따라 '모든 임무를 끝내고 철수하라'는 명령을 내린다. 먼저 11명의 첩보대원들이 영흥도를 떠난다. 하지만 14일 철수 준비를 서두르고 있던 6명의 해군 첩보대원들은 대부도에서 온 북한군 1개 대대의 기습을 받는다. 이에 영흥도 의용대원 30여 명과 함께 치열한 전투를 벌였다. 하지만 임병래 소위와 홍시욱 하사 둘은 나머지 대원들의 탈출을 돕고 끝내 북한군에 포위되었다. 인천상륙작전을 불과 24시간 앞둔 시점에서 포로가 될 경우 작전이 탄로 날 것으로 판단한 임병래 소위와 홍시욱 하사는 작전의 승패를 좌우하는 군사기밀을 지키기 위해 스스로 죽음을 택하였다.

당시 이들의 죽음을 먼 발치에서 목격한 임승렬의 진술이다.

"처음 진두리에서 북한군과 싸우다 10여리를 후퇴하여 십리포쪽으로 갔는데, 적은 개미 떼처럼 쫓아옵디다. 민간인인 나와 몇 사람은 숲속에 숨었는데, 임병래 소위와 홍시욱 하사는 이제 마지막이라고 판단했던가 봐요. 홍 병조(이등병조: 오늘날 하사계급)는 소총으로 추격해오는 적을 사살하다가 총구를 가슴에 대고 발가락으로 방아쇠를 당겨 자결합디다. 임소위도 45구경 권총으로 적 3명을 거꾸러뜨리고 권총을 이마에 대고 자결하고요. 이렇게 두 분이 용감하게 싸우다가 장렬하게 자결하는 것을 얼마 떨어지지 않은 숲속에서 똑바로 보았지만, 어쩔 도리가 없었어요. 두 분은 자결 직전에 모두 대한민국 만세를 외칩디다."

엑스레이 작전의 성공 뒤에는 8월 20~21일 영흥도 상륙작전 과정에

▎ 1950년 9월 14일 엑스레이 작전수행 중 북한군의 추격전 과정에서 인천상륙작전의 군사기밀을 지키기 위해 임병래 소위와 홍시욱 하사가 자결한 영흥도 십리포 해안

서 6명 전사, 엑스레이 작전수행 중 9월 14일 대부도에서 영흥도로 온 북한군의 추격과정에서 대한청년단방위대원 14명 전사, 임병래 소위와 홍시욱 하사 자결 등의 숭고한 희생이 있었으며, 인천상륙작전 당일인 9월 15일에는 엑스레이 작전을 도왔다는 이유 때문에 학살당한 영흥도 주민이 50여명이 된다는 사실을 잊지 말아야 하겠다.

아울러 맥아더 사령부는 인천상륙작전을 성공시키기 위해 장사상륙작전을 실시하였다. 이는 북한군을 속이기 위한 작전이었다. 대한민국의

▌ 1950년 9월 14일 전개된 '작전명 제174호' 장사상륙작전은 공격을 가장해 적의 경계를 분산시켜 전세를 뒤집은 교란작전으로 인천 상륙작전 성공을 위한 양동작전이었다.

운명이 풍전등화와 같았던 1950년 8월 낙동강 방어전이 한참일 때 학도병들은 낙동강 전선으로 모여들었다. 학생 신분으로 소총만 지급받고 겨우 4~5일 동안 총 쏘는 기초훈련만 받고 참전한 학도병들은 전국에서 3만 명이나 됐다. 이들은 많은 전투에서 군을 도우며 큰 공을 세웠지만 그만큼 희생도 많았다. 그중 희생이 가장 많았던 전투는 인천상륙작전 바로 전날인 9월 14일 장사리 해안에서 벌어진 장사상륙작전이었다. 이 작전에 투입된 학도병은 772명이었다. 적은 장사리 해안에 2개 사단을 배치하고 집중적인 방어에 들어갔다. 아군의 기만전술에 적은 완전히 속았다. 이 작전으로 인해 전체 772명중 139명이 전사하고 92명이 부상했다. 나머지도 소수의 생환자를 제외하고 대부분 실종됐다. 작전 당일 동해안에 심한 파도가 몰려오면서 상륙과정에서 절반가량이나 상륙하지 못하고 바다에서 실종됐다.

6·25전쟁의 전세를 뒤집는 인천상륙작전의 성공은 결코 우연히 찾아온 것이 아니다. 자유를 위해 피흘려 싸운 수많은 무명용사들의 희생으로 이뤄낸 기적이다. 나라를 위해 피흘려 싸우신 모든 분들에게 감사를 드린다.

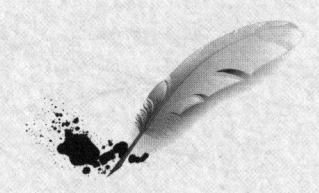

08

대역전 드라마,
인천상륙작전의 기적적인 대성공

대역전 드라마, 인천상륙작전의 기적적인 대성공

'인천상륙작전' 영감 받은 맥아더, 7만5000명과 불가능의 벽 넘어

인천상륙작전은 6·25전쟁의 양상을 뒤바꾼 대역전 드라마였다. 맥아더가 인천상륙작전을 구상하게 된 시점은 영등포 부근 한강 방어선을 처음 시찰한 1950년 6월 29일이다. 맥아더 회고록에 보면 "영등포 언덕에서 하늘의 계시가 울렸다. 인천상륙작전을 포함한 인민군 섬멸 반격작전이다."라고 썼다. 한강변에서 호를 파고 경계하던 병사와 대화를 하면서 조국수호 결의에 가득 차있는 모습에 감동을 받은 맥아더는 상륙작전을 통해 반드시 한국을 구하겠다는 결심을 하였다.

그날 밤 도쿄의 숙소로 돌아온 맥아더는 퀘벡전기(戰記)를 밤새도록 읽었다. 이는 영국과 프랑스군이 캐나다 퀘벡에서 싸울 때, 대서양으로 흘러드는 세인트로렌스 강을 거슬러 올라간 영국군이 프랑스군의 배후에 상륙하여 승리한 작전을 기록한 전기이다. 맥아더는 밤새도록 책을 읽은 후 성경을 꺼내 읽고 기도를 하였다. 그리고 "이것 말고 한국을 건질 작전은 없다"고 확신한 후에 자리에 누웠다고 회고록에 적고 있다.

인천 앞바다는 조수간만의 차가 9m나 되기 때문에 밀물 때 2시간 안에 상륙하지 않으면 3.2km나 되는 갯벌을 엄폐물도 없이 전진해야만 한다. 갯벌에서는 전차나 차량은 당연히 이동할 수 없고, 도보도 사실상 어렵다. 또한 상륙할 장소는 해변의 모래사장이 아니라 방파제와 축대였다. 상륙함을 정박시킨 후에 사다리로 올라가야만 한다. 그야말로 상륙작전으로서는 재앙이 될 만한 모든 조건을 다 가지고 있었다. 그래서 많은 참모들은 인천상륙작전의 성공률이 5000분의 1밖에 안된다고 위험성을 지적하면서 모두 반대했다. 콜린스 미 육군참모총장, 셔먼 해군참모총장, 미합참에서 모두 반대했다. 맥아더는 "소심하기 짝이 없군!"이라며 "인천에 상륙해야만 적군의 숨통을 제대로 끊어놓을 수 있을 것"이라고 강한 의지를 나타냈다.

결국 9월 4일 최종 계획이 확정되고, 9월 8일 트루먼 대통령의 재가를

▎ 1950년 9월 15일 기함 마운트 매킨리 함상에서 상륙작전을 지휘하고 있는 맥아더 유엔군사령관
　ⓒ 유엔평화기념관

받아 9월 9일 합참은 이를 최종 승인하였다. 맥아더는 D-day를 9월 15일로 정했다. 상륙작전을 위해 새로운 상륙부대인 제10군단을 일본에서 창설하였다. 군단장은 맥아더 사령부의 참모장이던 알몬드 소장이었다. 예하부대는 미 제1해병사단과 제7보병사단을 주축으로 하고, 한국해병대(4개 대대)와 제17연대로 정해졌으며, 병력은 총 7만5000명에 달했다.

마침내 D-day가 가까워지자 병력 7만5000명을 태운 미7함대의 함정 261척이 인천 앞바다로 향했다. 미 해병1사단 제5연대 제3대대 병력이 탑승한 17척의 상륙정과 전차 9대를 적재한 전차상륙함이 녹색 해안으로 명명된 월미도 해변을 향해 일제히 전진했다. 오전 6시 30분, 상륙정들은 무사히 해안선에 도착하여 병력을 상륙시키는데 성공했다. 해안가의 북한군 대부분은 9월 13~14일에 있었던 사전포격과 폭격으로 제거된 상태였다.

월미도 곳곳에 만들어진 동굴에 숨어있던 적의 저항이 있었지만 오전 8시경 월미도는 완전 장악됐다. 전투 결과 적 108명이 사살, 136명이 포로가 되었다. 그 외 동굴 참호 안에서 사살된 적이 150여 명이 되었다. 반면 아군의 피해는 17명 부상이 전부였다.

하지만 가장 긴박한 순간은 이때부터 시작되었다. 썰물로 인해 함대는 후방으로 물러났고, 오후 밀물시기에 후속 주력부대가 상륙하기 전까지 월미도에 상륙한 선발대는 적 지역에 고립되기 때문이었다. 적의 반격을 차단하기 위해 함재기들이 출동하여 월미도로 향하는 도로를 맹폭격하여 적의 접근을 원천적으로 차단했다.

오후 5시 33분 만조시가 되자 해병 제5연대가 월미도 건너편 만석동 적색 해안으로 상륙하였다. 동시에 해병 제1연대가 인천항 남측의 낙섬

▌ 1950년 9월 15일 인천상륙작전시 투항하고 있는 인민군 병사들의 모습

인근 해안에 설정된 청색 해안에 상륙했다. 이들 두 연대는 9월 16일 새벽까지 인천 도심을 누비며 시가지를 완전히 장악했다.

성공적인 인천상륙작전에는 21명의 고귀한 희생이 있었다. 그 중 한 사람이 로페즈 소위다. 상륙작전 당시 미 해병대 1사단 제5해병연대 장병들이 만석동 적색 해안에 상륙할 때 선봉에 서서 방파제를 넘으며 부대를 진두지휘한 장병은 로페즈 중위이다. 로페즈는 선두에서 수류탄을 던져 적의 진지 한 곳을 파괴했다. 그리고 또 다른 적의 진지를 향해 수류탄을 던지려는 순간 적의 기관총탄이 그의 가슴과 오른쪽 어깨를 관통했다. 치명상을 입은 로페즈가 손에서 수류탄을 떨어뜨렸다. 선발대 전체가 위험에 처하자, 로페즈는 "수류탄이다!"라고 외치고 그 수류탄을 온 몸으로 감싸 안았고 결국 장렬히 전사하였다. 그는 그렇게 여러 전우들의 목숨을 구하고 24살의 나이로 산화했다.

6·25전쟁의 전세를 뒤집는 인천상륙작전의 성공은 결코 우연히 찾아온 것이 아니다. 월미도 앞바다에서 적의 포격에 의해 전사한 스웬슨 중위로부터 시작하여 로페즈 중위에 이르기까지 21명의 고귀한 희생이 있었다. 월미도 공원과 만석동 적색 해안 지역에 이들의 추모비가 건립되는 그날을 꿈꾸며 자유는 결코 공짜가 아님을 일깨워주신 모든 분들에게 감사를 드린다.

▌ 인천상륙작전 당시 만석동 적색 해안을 상륙하는 과정에서 장렬하게 전사한 로페즈 중위의 모습

▌ 인천상륙작전을 하루 앞둔 1950년 9월 14일 오전 8시 월미도 앞바다에서 스웬슨 중위의 수장식이 거행되고 있는 장면. 스웬슨은 인천상륙작전을 위해 월미도에 대한 사전포격이 있던 9월 13일 오후 1시 적의 포탄을 맞고 전사하였다.

09

"대한민국 국군은
38선을 넘어 즉시 북진하라"

⋮

"대한민국 국군은 38선을 넘어 즉시 북진하라"

이승만 대통령 38선 돌파 명령

인천상륙작전이 성공하자 국군과 유엔군은 9월 16일부터 낙동강 전선에서 반격을 개시했다. 적은 인천상륙작전이 성공했다는 소식이 들려오자 사기가 크게 저하되었다. 1주일의 치열한 공방전 끝에 적의 낙동강 방어선을 돌파하는데 성공하였다. 북한군은 급속도로 붕괴되기 시작했다. 북한군은 9월 23일부터 전 전선에서 후퇴하기 시작했으며, 이때부터 전쟁의 주도권을 국군과 유엔군이 쥐기 시작했다.

9월 27일 맥아더 원수는 워싱턴에 "나의 판단에 따라 임의로 38선을 넘어도 좋다는 권한을 나에게 부여해주기 바란다."고 건의했다. 하지만 트루먼 대통령은 맥아더에게 "38선 이북으로 진격하는 것은 소련 또는 중공의 주력군이 북한에 진입하고 있지 않거나 또는 북한 안에서 군사적으로 소련군 및 중공군의 위협에 직면하지 않으리라는 확신이 있을 경우에 한한다."는 조건부 승인의 훈령을 내렸다.

9월 29일 이승만 대통령은 맥아더 장군에게 "지체없이 북진을 해야 한다"고 했으나 맥아더 장군은 "UN군이 38도선 돌파 권한을 부여하지 않았다"며 난색을 표했다. 이에 이승만 대통령은 "UN이 문제를 결정할 때까지 장군은 휘하 부대를 데리고 기다릴 수 있지만, 국군이 밀고 올라가는 것을 막을 사람은 아무도 없을 것 아니요. 내가 명령을 내리지 않아도 우리 국군은 북진할 것이요."라고 말했다. 그리고 9월 30일 이대통령은 부산의 경무대로 육군수뇌부를 호출했다.

"그런데 정(일권)총장, 정 총장은 38선에 도달한 우리 국군에게 어찌해서 북진하라는 명령을 하지 않소? 38선 때문인가 아니면 딴 이유 때문인가?" 이 질문에 정일권 장군은 "38선 때문입니다"라고 대답했다. 당시 정일권 장군은 맥아더로부터 미국정부가 명령할 때까지 단 1명이라도 38선을 넘어서는 안 된다는 명령을 받고 있었다.

이승만 대통령은 격노하여 "38선이 어찌 됐다는 것인가? 무슨 철조

망이라도 쳐 있다는 말인가?"라며 장군들을 꾸중했다. 정일권 장군은 그때처럼 이 대통령이 노여워하는 것을 본 적은 그 전에도 그 후에도 없었다고 회고했다.

정일권 참모총장은 "저희들은 대한민국 국군입니다. UN군과의 지휘권 문제가 있습니다만 각하의 명령을 따라야 할 사명과 각오를 가지고 있습니다." 이승만 대통령은 잠시 후 결론을 내렸다. 이승만 대통령은 작전권을 맥아더 장군에게 위임한 이유를 다시 설명한다.

> "나는 맥아더 장군에게 우리 국군의 지휘권을 맡기기는 했으나 내가 자진해서 한 것입니다. 따라서 되찾아올 때도 내 뜻대로 할 것이요. 지휘권을 가지고 이러쿵저러쿵 따질 일이 없습니다. 그러한즉 대한민국 국군인 여러분은 대한민국 대통령의 명령만 충실히 지켜주면 되는 것이요."

대통령은 품안에서 명령서를 꺼내서 정일권 총장에게 주었다. "이것이 나의 결심이요, 나의 명령입니다. 대한민국 국군은 38선을 넘어 즉시 북진하라. 1950년 9월 30일. 대통령 이승만"

▌ 38선을 돌파하고 있는 국군장병들. 38선상의 간이 아치는 38선 돌파 기념으로 우리 국군이 세운 것이다.

이 대통령으로부터 북진하라는 명령을 받은 정일권 참모총장은 참모총장 고문 하우스만과 이 문제를 숙의했다. 하우스만은 긴급추적권이라는 방법을 찾아냈다. 긴급추적권은 전쟁 중 원래는 적을 추적하여 전투를 벌이지 못하게 되어 있는 지역이라도 긴급 상황이 발생하여 불가피하게 일정 기간, 일정 지역을 추적하여 적을 공격할 수 있는 권한이다. 이 권한을 이용하여 정일권 참모총장은 김백일 장군에게 38선 돌파 명령을 내렸다.

■ 김백일 장군(제1군단장)이 38선 돌파 이후 기념비를 세우고 "아아 감격의 38선 돌파"라고 적고 있다. 사진제공: 김동명 장군

김백일 장군은 백골부대인 3사단 23연대장 김종순 대령에게 명령을 내렸다. "귀 연대에 북진명령을 내린다. 38선을 돌파하라. 38선은 이 순간부터 없어진다." 한국군 3사단 23연대는 이렇게 최초로 38선을 돌파한 부대가 되었다. 23연대가 38선을 넘어 북진을 개시한 것은 1950년 10월 1일 오전 11시 25분이었다. 미국은 논란 끝에 38선 돌파를 결정, 10월 3일 도쿄의 맥아더 사령부는 "유엔군은 10월 3일 0시를 기해 38선 이북의 북한에 작전을 연장한다"는 일반명령 제2호를 발표했다. 워커 8군

▌ 38선을 통과한 첫 유엔군 부대가 역사적인 돌파를 기념해 국군 제3사단이 만든 푯말 앞에서 기념촬영을 하고 있다.

사령관이 도쿄로부터 정식 북진명령을 받은 것은 10월 7일이었고, 실제로 미군이 38선을 넘은 것은 10월 9일이었다. 국군이 38선을 넘은 지 무려 9일 만에 미군 주력부대가 38선을 넘은 것이다.

38선을 돌파한 국군과 미군은 서로 경쟁이나 하듯이 평양을 향해 빠르게 진군하였다. 국군 제1사단은 중서부의 험한 산길을 하루 평균 25km의 속도로 강행군을 하면서 북진했고, 경의 국도를 따라 진군하던 미 제1기갑사단은 하루 평균 18km의 속도로 북상하고 있었다.

속도 경쟁에서 한발 앞선 국군 제1사단은 미군보다 먼저 평양에 도착했다. 10월 19일, 국군과 유엔군의 5개 사단은 포위망을 형성하면서 평양을 둘러싸기 시작했다. 제1사단 15연대는 대동강 상류에서 도하작전에 성공하고 곧바로 모란봉을 공격하였다. 오후에는 마침내 평양 시내 깊숙이 진입하여 주요 건물에 태극기를 게양하면서 평양 입성의 개가를 울렸다.

국군이 38선을 돌파한 날은 대한민국 국군에게는 참으로 잊을 수 없는 감격스러운 날이다. 38선 돌파에 앞장섰던 육군 제3사단의 북진을 기념하여 1956년 9월 14일 국무회의 의결을 거쳐 '국군의 날'을 대통령령 제1173호로 제정·공포하였다. 따라서 이때부터 10월 1일을 '국군의 날'로 지키게 된 것이다.

10

6·25전쟁과 좌익에 의한 양민 학살

6·25전쟁과 좌익에 의한 양민 학살

6·25전쟁 발발 핵심 원인 중 하나는 '남한 내 좌익세력'

대부분의 사람들은 6·25전쟁을 북한이 소련과 중공의 지원을 받아 남침한 전쟁이며 국군과 유엔군은 불법 남침한 북한군과 이를 지원한 중공군을 물리친 전쟁으로만 알고 있다. 하지만 여기에는 6·25전쟁을 일으킨 핵심적인 주체세력 하나를 간과하고 있다. 바로 남한 내 좌익세력이다.

6·25전쟁은 북한군이 남한 좌익세력과 합세한 전쟁이었다. 남한 내 좌익이 존재하지 않았으면 전쟁은 일어나지도 않았을 뿐더러 설령 전쟁이 일어났다 하더라도 그토록 참혹한 전쟁이 되지는 않았을 것이다. 1950년 6월 25일 북한 인민군이 전면적 남침을 시작한 다음 날인 6월 26일 김일성은 방송 연설을 통해 남한의 좌익세력과 빨치산에게 "반역

■ 인천상륙작전 이후 퇴각하는 공산군들에 의해 대전형무소 내에 수감되어 있던 경찰, 애국지사들을 포함한 1700여 명이 학살되었다. 공산군들은 또한 3km 떨어진 용두동 고갯길로 양민들을 끌고 가 50000여 명을 추가로 학살하였다.

자는 무자비하게 처단해야 한다."는 지령을 하달하였다.

6·25전쟁 당시 12만 명에 달하는 남한 내 민간인 학살은 인민군에 의해 이루어진 경우도 있지만, 상당수는 남한 내 좌익들에 의해 이루어진 것이었다. 좌익들은 완장을 차고 가가호호 가택수색을 하여 공무원, 군, 경찰, 학자 등 소위 인텔리 계층을 체포해 인민재판에 회부하여 처형하였다. 서울을 점령한 인민군의 경우 미처 피난을 가지 못한 경찰이나

▎ 1950년 9월 26~29일 좌익세력에 의해 학살된 1,000여명의 전주지역 양민들의 시신

군인 그리고 이들의 가족들을 체포해 그 자리에서 인민재판에 회부했으며, 체포를 거부할 시에는 즉결 처형을 했다.

인민군은 공무원, 군, 경찰, 학자 등 인텔리 계층을 최우선 대상으로 학살했다. 그 대상에는 부녀자와 어린이들까지 대거 포함되었고, 반동분자로 낙인찍히면 가족은 말 할 것도 없고 먼 친척까지 몰살당했다. 하지만 이와 같은 양민학살은 시작에 불과했다.

인민군 남침 초반에는 계획적, 조직적, 선별적으로 학살이 이루어졌으나 9월 15일 인천 상륙작전 성공 이후 국군과 유엔군의 진격으로 전세가 불리해지자 인민군과 좌익들은 무차별적인 대학살을 자행하기 시작하였다. 9·28 서울수복 이후 전세가 역전되면서 인민군과 좌익들은 후퇴하는 과정에서 그동안 체포·수감하고 있던 우익들을 대전교도소, 전주교도소 등에서 집단 처형하기도 하고, 많은 인사들을 북으로 끌고 갔다.

인민군은 퇴각하면서 도·시·군별 또는 읍·면 단위로 인원수를 할당하여 좌익들로 하여금 주민들을 무수히 학살하게 하였는데, 그것을 집행했는지를 확인하기 위하여 귀나 코를 자르거나 또는 눈을 빼서 증거품으로 가져오게까지 하였다.

대전에서는 학살 할당 인원 1천여 명의 애국인사들을 물을 끓여서 그 속에 집어넣어 죽이는 천인공노할 끔찍한 수법으로 양민들을 학살하였다. 10월 2일 대전형무소를 직접 취재한 종군기자 류봉렬씨의 증언이다.

"정말 차마 눈뜨고는 볼 수 없는 참경이 벌어져 있더군요. 어린아이

까지도 총알이 아깝다고 구덩이를 파서 돌로 찍어 죽인 후 아무렇게
나 묻어버렸어요. 두 개의 우물에는 사람을 단무지 식으로 생매장
해서 죽였고요. 공산당들은 사람을 우물 속에 한 겹 쳐 넣고는 카바
이드로 덮어버리고 또 처넣고 하는, 차곡차곡 단무지 담는 식으로
생매장을 했어요. 시체를 끌어내다가 '사람 살려!'라는 가냘픈 소리
가 들려서 들쳐보니까 13세 난 남자아이인데 우물 속에 처넣은 3백
여 구의 시체 중에서 살아난 단 한 사람의 소년이었지요."

가장 많은 학살이 있었던 곳은 전라도 지역이다. 특히 빨치산의 본
거지가 있던 영광군의 피해가 가장 컸다. 영광군 한곳에서만 무려 2만
1225명이 피살됐다. 그중 12%에 해당하는 2500여 명이 10세 이하의 어
린이였다. 가족들이 집단적으로 학살되었음을 의미한다.

영광군 백수면에 살았던 장맹룡씨는 6·25전쟁 당시 좌익들에 의해 6
촌 이내 친척 300여 명이 떼죽음을 당했다고 증언했다. 영광군 염산면
염산교회 교인 77명은 좌익들에 의해 대부분 바다에 수장되는 등 다양
한 방법으로 학살당했다. 염산교회 김방호 목사는 가족들이 보는 가운
데 죽창과 몽둥이로 살해당하고 뒤이어 나머지 가족들도 그 자리에서
학살당했다. 염산교회 집사였던 노병재 씨 일가족 9명은 물론 노씨 일

1950년 10월 함경남도 함흥의 반룡산 방공굴에서는 퇴각하는 북한 공산군이 다이너마이트를 사용하여 무수한 함흥 주민들을 학살하였다.

가 23명이 같은 날 바닷물에 던져져 수장되었다.

염산교회 옆 마을에 있는 야월교회에서도 집단학살이 일어났는데, 전교인 65명이 모두 학살당했다. 한국대학생선교회(CCC)의 설립자였던 故김준곤 목사는 1950년 10월 3일 고향 전남 신안군 지도면에서 사랑하는 아버지와 아내가 좌익에 의해 눈앞에서 살해당하는 슬픔과 고통을 겪어야만 했다. 자신도 수많은 죽음의 고비를 넘겨야 했다.

▌ 붙잡힌 인민군 포로들이 국군헌병의 감시 하에 함흥의 우물 속에서 민간인 시체 65구를 끌어내고 있다.

원산·함흥·평양지역에서의 학살은 더욱 잔인한 것이 그 특징의 하나였다. 목을 자르는데 톱을 사용했고 머리에 큰 못이 박혀있는 시체, 손과 다리가 절단된 시체, 코가 잘린 시체 등이 많았다. 당시 함흥교화소에서 학살당한 양민들의 시신 발굴에 참여했던 김인호 선생의 증언이다.

"함흥교화소에서 일어난 학살은 지금 생각해도 끔찍했다. 곳곳에 잘려나간 팔다리가 즐비했고 100여개가 넘는 방들에는 모두 시체가 쌓여 있었다. 화장실 안에도 시체들이 널브러져 있었고 오물통 안에도 도끼에 머리가 찍혀 두개골이 파손된 시체들이 오물 속에 처박혀 있었다. 이런 잔학한 만행을 북한군은 아무렇지도 않게 실행했다. 일본군도 이렇게 잔인하지 않았는데, 어떻게 같은 민족끼리 더 잔인한 이런 짓을 할 수 있는지 치가 떨렸다."

6·25전쟁을 기억해야 하는 이유는 전쟁의 주범인 김일성 공산집단이 자행한 만행이 얼마나 반인륜적이고 얼마나 반민족적인지를 적나라하게 보여주는 불과 70년 전에 일어난 최근의 역사이기 때문이다.

11

천국 소망과 순교 신앙

천국 소망과 순교 신앙

"천국 가는 길, 저들을 용서해주세요"
영광지역 교인들 숭고한 순교

전남 영광은 6·25전쟁 당시 수많은 기독교인이 순교한 대표적인 기독교 순교지로 꼽히는 곳이다. 그 중에 염산면의 염산교회는 전체 교인의 3분의 2인 77명이 미처 퇴각하지 못한 북한 공산군과 좌익세력에 의해 순교 당했다. 당시 염산교회에는 독립군 출신의 김방호 목사가 담임하고 있었다. 영광 일대가 공산군의 손에 넘어가고 교회당이 공산군의 사무실로 징발된 후에도 김 목사는 교우들과 함께 마을에 남아 비밀리에 예배를 드리며 믿음을 지켜왔다.

순교의 발단은 9·28서울수복 후 북진하는 국군의 환영대회를 염산교회 청년회가 앞장서 주도하면서 비롯됐다. 아직 후퇴하지 않고 남아 있던 공산군과 좌익세력이 이에 대한 보복을 자행하면서 엄청난 살육이 이어졌다. 10월 7일 환영대회에 앞장섰던 기삼도를 학살하고 교회당을 불태운 것이 그 시작이었다.

고몽룡 성도는 당시를 이렇게 증언한다.

"제일 먼저 순교한 사람이 기삼도인데 집에 동네 청년들을 모아놓고 태극기를 그렸어요. 그것이 발각되어 잡아다놓고 매질을 하며 누구와 함께 그렸냐고 추궁해도 입을 꽉 다물었지요. 만약 그가 입을 열었다면 동네 청년들은 모두 죽었을 거예요. 그대로 순교했죠. 이런 끔찍한 일들이 3개월 동안이나 계속 되었어요"

이튿날부터는 공산군과 좌익들은 염산교회 교인들을 어른 아이 할 것 없이 몽둥이와 죽창으로 학살하기 시작했다. 특히 설도항의 수문통에서는 교인들의 목에 큰 돌을 매달아 수장하기까지 했다. 이들은 생명이 다하는 순간까지도 찬송하고 서로를 격려하며, 의연하게 죽음을 맞이했다고 전해진다.

염산교회 집사였던 노병재 씨 일가족 9명은 물론 동생가족 7명 등

전교인의 2/30이 되는 77명이 순교한 전남 영광군 염산면의 염산교회

▎ 염산면 설도항에서 공산군과 좌익들에 의해 수장되면서 '내 주를 가까이 하게 함은' 찬송을 부르며 순교하는 노병재 집사와 일가족 9명

▎ 염산교회 순교기념공원 안에 있는 77인 순교기념비

노씨 일가 23명이 같은 날 바닷물에 던져져 수장되었다. 노병재 집사는 파도 속에서 하늘을 우러러 보면서 "내 주를 가까이 하게 함은 십자가 짐 같은 고생이나…"를 부르며 순교자의 길을 걸어갔다.

■ 염산교회 교인들을 학살할 때 좌익들과 공산군이 실제로 사용한 돌

10월 13일 김만호 장로와 박귀덕 권사의 딸 4명(15살 옥자, 11살 금자, 9살 신자, 3살 미자)이 단지 예수 믿는 집의 자식이란 이유로 수장을 당했다. 옥자가 세 살배기 미자를 업고 금자, 신자와 끌려가는데 어린 미자가 등 뒤에서 울기 시작했다. 이때 옥자는 우는 동생을 향해 "울지 마라, 우리는 지금 천국가고 있단다. 천국 가니까 울지 마라"면서 달래더니 죽음 앞에서 "하나님 우리를 천국 보내주시니 감사합니다. 저 아저씨들 용서해주세요"라고 기도했다. 이때 한사람이 대검으로 옥자와 미자의 목을 쳐서 바다에 던져버렸다. 물이 빠져나간 후 미자가 언니 등에 업힌 채 둘이 다 목이 잘려져 나간 상태로 발견되었다.

염산교회 김방호 목사는 가족들이 보는 앞에서 죽창과 몽둥이로 살해당하고 뒤이어 부인과 아들, 여덟살과 다섯살 난 손자까지 차례로 몽둥이와 죽창으로 학살당했다. 염산교회는 전교인의 2/3인 77명이 3개월에 걸쳐 이렇게 학살을 당했다.

염산교회에서 가까운 곳에 야월교회가 있다. 야월교회는 6·25전쟁 당시 전교인 65명이 모두 공산군과 좌익들에 의해 순교당한 교회로 알려져 있다. 6·25전쟁 3일 전인 1950년 6월 22일, 공산군 1개 부대가 야음을 틈타 송촌 해안가를 통해 내남리에 침투하였다. 군과 경찰에 의해 거의 전멸당한 공산군 잔당은 옥실리와 야월리 뒷산으로 잠입하였다. 그 후 산에 나무하러 갔던 정문성 씨가 부상을 입은 공산군을 보고 경찰에 신고하여 포위되었을 때, 자수를 권유하고 설득하여 경찰에 넘겨주었다. 경찰에 신고한 정문성이라는 자가 야월교회 교인이라는 것을 안 좌익세력과 공산군은 야월교회에 반감을 가지게 되었다.

한편, 6·25전쟁으로 야월리를 점령한 공산당들이 양조장집 주인과 다른 유지들을 교회당 뜰에 무릎 꿇리고 마을 사람들 앞에서 공개 처형하기에 앞서 인민재판을 벌였다. "여러분! 인민의 피와 땀을 착취한 이 악질 반동세력들을 어떻게 하면 좋겠소?" "인민의 원수이니 죽여야 합니다."

그때 야월교회 출신 김성종 영수(領袖, 한국교회 초창기에 목회자가 없는 교회를 담당했던 직분)가 "아닙니다. 그 사람은 흉년이 들어 어려웠을 때 쌀을 풀어 나눠주었고, 법 없이도 사는 사람입니다. 나라에선 이런 사람을 상을 주어도 모자랄진대 어찌 이럴 수 있습니까? 사람의 생명은 하나님께 있습니다. 사람이 사람을 죽여서는 안 됩니다."고 하자, 다른 사람이 "옳소!" 하면서 동조하였다. 이로써 계획에 차질이 생기자, 그들은 기독교인들을 먼저 죽이려는 무서운 음모를 꾸미게 되었다.

이런 상황에서 1950년 9월 29일 국군과 UN군이 목포에서 함평, 영광을 수복할 때 기독교인들과 우익 인사들이 대대적으로 국군을 환영한 일이 있었는데, 미처 후퇴하지 못한 채 인근 산 속에 은거하고 있던 공산군과 좌익들은 국군을 환영한 교인들과 주민들에 대한 보복계획을 세웠다.

염산면과 백수면은 가장 늦게까지 수복되지 못하였는데, 공산군과 좌익들은 인민재판으로 처형을 시작하여 무려 두 달에 걸쳐, 정문성과 일가족, 영수 김성종과 조양현 일가족, 집사 최판섭과 일가족 등 야월교회 전교인 65명을 잔혹하게 학살하였다.

▎ 65명 전교인이 순교를 당한 야월교회 기독교인 순교기념관

최판섭 집사의 부인 유영섭 집사는 마지막 소원이라며 학살자를 향해 두 가지를 청했다. "선생님도 예수를 믿으세요. 그리고 찬송 하나 부르고 죽겠습니다"라고 했다. '하늘가는 밝은 길'이었다. 유 집사는 칼에 찔려 죽었고 시신은 바다에 버려졌다. 끝내 시신은 찾지 못했고, 교회는 불탔다.

초대교회의 교부 터툴리안은 "순교자의 피는 교회의 씨앗이다"라고

▌ 전라도 염산면 야월교회는 전교인 65명이 모두 좌익들에 의해 학살을 당했다. 전남 영광군에서만 2만1225명이 피살되었다. © 야월교회 기독교인 순교기념관

말했다. 오늘날 한국교회가 이렇게 부흥 성장할 수 있었던 배경에는 믿음의 선조들의 이와 같은 천국소망과 순교신앙이 있었음을 결코 잊지 말아야 하겠다.

12

보도연맹 사건의 진실은
무엇인가?

⋮

보도연맹 사건의 진실은 무엇인가?

보도연맹 우익 학살 앞장서자 국군이 예비검속…
억울한 희생 이어져

대한민국 정부는 '좌익사상에 물든 사람들을 사상 전향시켜 이들을 보호하고 인도한다.'는 취지에 따라 공산주의에서 전향한 좌익들을 통합·관리하기 위해 1949년 6월 5일에 국민보도연맹이라는 단체를 조직하였다.

문제는 6·25전쟁 발발 3일 만에 인민군에 의해 서울이 점령당하면서 보도연맹원들의 상당수가 다시 전향하여 인민군에 부역하며 우익색출 및 인민재판에 앞장섰다는 것이다. 당시 서대문형무소와 마포형무소, 인천형무소에서 나온 9천여 명의 남로당원과 보도연맹 가입자들은 인민위원회를 조직하여 인민재판을 통해 수많은 양민들을 학살하였다.

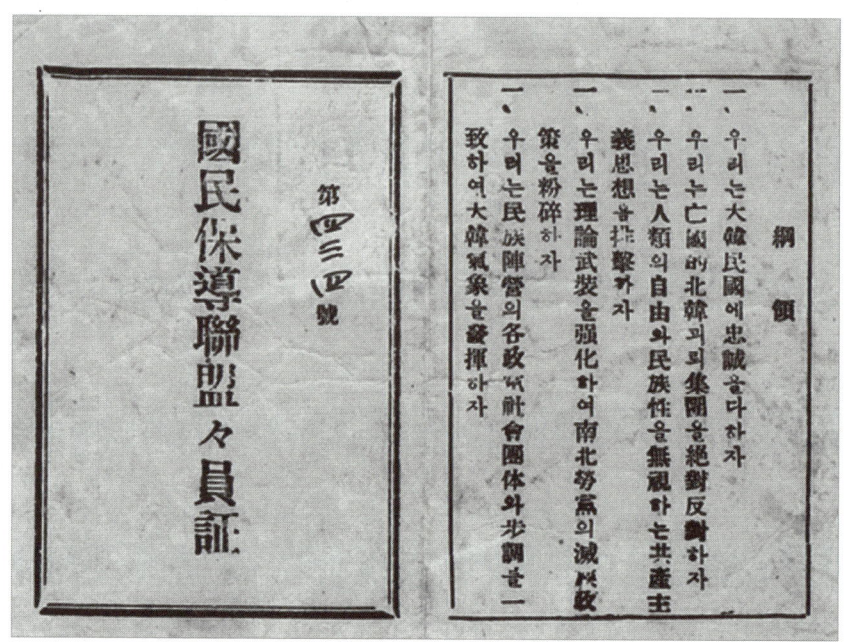

▎ 국민보도연맹은 오제도, 선우종원 등 검사들이 주도하여 1949년 6월 5일 창설, 1948년 12월에 시행된 국가보안법에 따라 좌익사상에 물든 사람들을 사상 전향시켜 이들을 보호하고 선도하기 위한 취지로 만든 반공단체 조직이다.

인민재판을 주도한 이는 전향 후 보도연맹의 명예 간사장을 맡고 있었던 정백이었다. 그는 서울이 인민군에 함락되자 즉시 극좌로 돌아서 보도연맹원들과 함께 우익인사들을 죽이기 시작했다. 그들이 그렇게 한 이유는 북한 인민군이 내려왔을 때 '전향한 좌익'인 보도연맹원들이 제거 대상 1호였기 때문이었다. 보도연맹 소속의 '전향한 좌익'들은 살아남기 위해 더 극렬하게 북한 인민군의 앞잡이 노릇을 한 것이다. 인천의 보도연맹원들은 전쟁발발과 동시에 북한 동조세력으로 돌변해 적기를 앞세우고 시가행진을 하는 등 북한군을 맞이할 분위기를 조성하기까지 했다.

당시 주한 미국대사관 부영사 핸더슨이 1950년 7월 4일~5일에 쓴 비망록에는 다음과 같이 기록하고 있다.

"인민군이 형무소 문을 열어 정치범과 재소자들을 모두 풀어줬다. 재소자들은 무장을 한 뒤 자신들을 감옥에 보낸 사람을 찾아 보복에 나섰다. 한국군 사령부가 있던 서빙고에 인민재판소가 곧바로 설치됐으며 한때 보도연맹을 이끌던 정백이 우두머리가 됐다. 과거 유명한 공산주의자로 수개월 전 경찰에 체포된 정백은 당시 자신의 죄를 뉘우치고 한국에 충성하겠다고 했었다. 국회 프락치 사건과 관련해 유죄를 선고받은 국회의원 13명도 인민재판에 가담하고 있는 것으로 알려졌다. 유죄 선고만 있는 공산주의자들의 형식적인 재판에서 보도연맹이 중요한 역할을 하고 있다. 보도연맹원 수천 명이 공산주의에 대한 그들의 뉘우침을 내팽개치고 거리로 나가 한국경찰, 공무원, 군인과 그 가족 등 우익을 지목하고 있다. 그들에게 지목된 사람은 인민재판을 받은 뒤 즉결 처형되고 있다."

보도연맹원들의 이러한 행위는 인공(인민공산당)치하에 들어간 서울, 인천 등 수도권의 주요 도시에서 일어났다. 인민군들이 파죽지세로 한반도 남쪽을 향해 밀고 내려오고 있는 상황에서 지방 곳곳에 피난 못 간 국민들이 인민군과 보도연맹원들에 의해 학살당할 게 불 보듯 뻔했다.

이에 따라 보도연맹원에 대한 예비검속 등 방어적 조치와 함께 보도연맹원에 대한 처형이 뒤따랐다. 지방에 있는 보도연맹원들 또한 서울의 경우처럼 자신들이 살아남기 위해 무고한 사람들을 '악질 반동분자'로 지목하여 학살할 가능성이 매우 높았기 때문이다.

문제는 이 과정에서 억울하게 목숨을 잃은 사람들이 다수 발생했다는 점이다. 왜냐하면 6·25전쟁 전 보도연맹이 만들어질 때 담당자들이 실적을 위해 무리하게 반강제적으로 '무고한 사람'을 가입시켰기 때문이다. 담당자들이 보도연맹을 만들 때만 해도 전쟁이 일어날 것이라고는 예상하지 못했다. 그러나 북한 인민군이 6·25남침전쟁을 일으키면서 보도연맹의 명부는 살생부가 되어버렸다. 비극이 아닐 수 없었다.

보도연맹원 처형과정에서 일어난 무고한 보도연맹원들과 양민에 대한 억울한 죽음은 다시는 반복되지 말아야 할 역사의 비극이다. 하지만

▌ 6·25전쟁 당시 연행되는 인민군 부역 혐의자들

우리는 이러한 비극의 원인이 이승만이 아니라 공산주의자들이었다는 점을 간과해서는 안 된다. 대한민국 건국과정에서 제주 4·3폭동, 여수 14연대 반란에 의해 발생한 전대미문의 잔인한 양민학살은 신생국 대한민국과 이승만 정부에게는 상상할 수 없는 충격이었다. 그런데 그 충격이 채 가시지 않은 상황에서 6·25전쟁이 발발하면서 서울에서 자유민주주의로 전향했던 보도연맹원들이 다시 공산주의자로 전향하여 인민재판 등 우익과 양민에 대한 학살을 선동하였을 때, 피난 과정에서의 무참한 양민학살은 불 보듯 뻔한 상황이었다. 그러한 상황에서 보도연맹원들에 대한 예비검속과 처형은 피할 수 없는 선택이었는지도 모른다.

■ 오제도 검사는 6·25전쟁 중에는 검·군·경 합동수사본부를 총 지휘, 내부 질서 확립에 주력하는 한편 인민군에게 부역한 1만5천여 명의 대부분을 민족적 아량으로 석방조치 하였다. 이 일로 1955년 10월 27일 군인에게만 주어지는 대한민국 을지무공훈장을 수상했다.

많은 사람들은 6·25당시의 정확한 상황을 무시하고 또 거짓된 정보에 근거하여 이승만과 국군과 미군을 학살의 주범으로 몰아가고 있다. 이는 인천상륙작전 이후에 국회에서의 '사형금지법' 가결(9월 18일), 육군본부에서의 '민간인에 대한 사적인 가해를 금지'하는 훈령 발표(9월 25일), 이승만 대통령의 '탈환지역에서의 사적인 원한에 의한 타살, 구타 금지 등을 촉구하는 성명서' 발표(9월 28일), 국회 부역자처리법 확정 가결(10월 13일) 등 국민의 자유와 생명을 지키려 했던 이승만 대통령과 국회와 국군의 노력을 알지 못하기 때문이다.

특히 당시 해군 총참모장이었던 손원일 제독은 서울 수복 이후 서울 시내 곳곳에 "공산군에 협력한 사람이라도 이북으로 도망가지 않은 사람은 함부로 죽이지 말라"는 포고령을 붙였다.

손원일은 이승만 대통령에게 "비록 적에게 협조한 사람이라도 적의 총부리 앞에서 살기 위해 어쩔 수 없이 협조한 사람은 정상을 참작해 줘야 합니다."라고 보고를 했고, 이승만은 조병옥 내무부 장관과 신성모 국방부 장관에게 "손원일 제독의 얘기대로 해야 합네다. 이것은 매우 중요한 얘기입네다. 부역자라고 해서 함부로 죽여서는 아니됩네다."라고 지침을 주었던 것이다.

13

장진호 전투

장진호 전투

**"부디 잊지 말아주십시오,
장진호 전투에서 사라져간 전사들을."**

김일성은 인천상륙작전이 성공하고 유엔군이 계속 북진하자 중공군의 참전을 재차 요청하였고 그 결과 중공군은 10월 19일부터 은밀하게 압록강을 건너 북한 땅에 들어오기 시작했다. 중국 측이 1990년대 이후에 밝힌 숫자로는 1953년 정전협정 체결에 이르기까지 25개 보병군단(79개 사단)을 비롯하여 그 외 40개 이상의 사단을 합쳐 300만 명에 이르는 병력이 6·25전쟁에서 싸웠다. 총사령관 팽덕회의 지휘 아래 10월 19일 제1차로 압록강을 건너온 중공군은 18만 명이었다.

그 후 2차로 중공군은 12만 명이 들어왔다. 2차 공세(1950.11.25.) 때 중공군의 총 규모는 30개 사단 30만 명으로 그 중에 미8군이 있는 서부

전선에 18개 사단, 미10군단과 제1해병사단이 있는 동부전선에 12개 사단이 투입되었다.

▎ 장진호에 포위당한 채 사투를 벌이고 있던 미군의 모습
© 유엔평화기념관

동부전선의 미10군단과 제1해병사단은 북한의 임시 수도인 강계를 점령하기 위해 한반도에서 가장 추운 함경북도 개마고원에 있는 장진호 방향으로 북상하고 있었다. 그러나 미리 산속에 숨어서 대기하고 있던 중공군 12개 사단에게 포위되어 부대가 전멸할 위기에 처하게 되었다.

중공군의 예상치 않은 개입으로 6·25전쟁은 또다시 한치 앞도 내다볼 수 없는 상황이 되었다. 1950년 12월 트루먼 대통령은 국가비상사태까지 선포하고 최악의 경우를 상정한 계획을 세웠다. 당시 미국은 더 이상 전세를 뒤집기가 불가능하다는 판단을 내리고 한국군을 포함 총 32만8000명의 한국인을 해외로 긴급 이주시킨다는 계획을 비밀리에 세워둔 상태였다. 그 이주지는 서(西)사모아에 있는 사바이와 우폴루라는 섬이었다. 그곳에 32만8000명의 한국인을 이주시켜 '뉴코리아(New Korea)'

▎ 장진호 전투 당시 동사한 미군의 시신들

를 만든다는 계획을 확정하였다.

　이렇게 중공군의 침략으로 또다시 대한민국이 풍전등화의 위기에 빠져 있을 때 이 나라를 구한 전투가 바로 장진호 전투다. 장진호 전투는 1950년 11월 27일에서 12월 11일까지, 북한의 장진호에 포위되어 있던 미 10군단이 15일 동안 12만 명이 넘는 중공군(10개 사단)의 포위망을 간신히 뚫고 장장 128㎞에 이르는 흥남 항구까지 성공적으로 철수한 후퇴 작전이다.

▌ 장진호 전투 당시 동사한 미군의 시신들 © 유엔평화기념관

　장진호 전투 중에서도 특히 하갈우리 전투는 미군으로서는 평생 잊을 수 없는 최악의 전투였다. 지형도 모르고 기동하기조차 힘든 고원 산악지대에서 대규모 적군에게 겹겹이 포위되었으니 죽거나 포로가 되는 수밖에 없었다. 더구나 밤이면 기온이 뚝 떨어져 영하 30도를 내려가 동상환자가 속출했다. 적과 싸우다 총에 맞아 전사한 수보다 동상으로 죽은 병사의 수가 더 많았다. 시신이 많이 늘어나자 동태처럼 얼어붙은 시신을 짐짝처럼 트럭에 실어 수송하기까지 했다.

▌ 장진호 전투 철수과정에서 트럭에 실려가는 미군의 시신들 © 유엔평화기념관

　철수 과정에서 뜻밖에 큰 문제가 발생하기도 했다. 12월 7일, 철수 작전의 마지막 고비였던 고토리 지역 황초령 고개의 깊은 협곡에 있던 교량이 5m가량 파괴되어 미군은 험준한 산악지역에서 발이 묶이게 되어 중공군에게 꼼짝없이 갇히게 되었다. 이를 돌파할 수 있는 유일한 방법은 공중에서 교량을 투하하는 것밖에 없었는데, 문제는 짙은 안개와 폭설로 인해 시야가 확보되지 않아 항공기가 교량을 투하할 수가 없었다.

　그날 밤에 미군들은 좋은 일기와 날씨를 위해 하나님께 간절히 기도

▎ 1950년 11월 29일 장진호 전투에서 중공군의 포위망을 뚫고 철수하는 도중 휴식하는 미군들의 모습 © 유엔평화기념관

했다. 그 순간 기적 같은 일이 벌어졌다. 하늘이 맑은 날씨로 변하고 밝고 환한 별 하나가 고토리 지역 상공에 반짝이기 시작하였다. 곧바로 시작된 교량 공중 투하작전은 성공하였고 설치된 다리를 통해 미군은 중공군의 포위망을 벗어날 수 있었다.

당시 참전용사였던 리차드 케리 장군은 이렇게 회고했다.

"그날 밤은 섭씨 영하 30도로 엄청난 강추위가 몰아쳤고 눈보라로 공수작전이 어려웠다. 군인들이 맑은 날씨를 위해 기도했는데 거짓말처럼 하늘이 열리며 큰 별이 빛나는 게 아닌가. 하나님의 응답이라 여긴 해병대원들은 용기백배하여 중공군의 포위망을 뚫을 수 있었다."

결국 미 10군단 장병들은 영하 30도까지 내려가는 살인적인 추위와 폭설 속에서 10배가 넘는 중공군의 포위망을 뚫고 12월 11일 밤 9시 흥남항구로 철수를 완료하였다. 작전 중 미 해병 4500여 명이 전사하고 7500여 명이 동상을 입었다. 그야말로 미국의 전쟁 역사상 최악의 전투로 기록될 만큼 미군들의 희생은 너무나 컸다.

당시 참전용사였던 프레드 주니어는 훗날 다음과 같은 시를 남겼다.

"부디 잊지 말아주십시오. 한국을,
그리고 저 잊혀진 전쟁을!
우리가 알지 못했던 곳,
장진호 전투에서 사라져간 전사들을.
더러는 곧 숨을 거두었지만
많은 이들이 고통 속에 숨겨가야 했습니다.

34대의 트럭에 실린 부상자와 죽어가는 이들,

다시 한 번 간절히 빕니다.

부디 잊지 말아주십시오.

한국과 그 잊혀진 전쟁을!"

장진호 전투에서 잊지 말아야 할 희생이 또 있다. 875명의 한국 젊은 이들로 구성된 카투사들이다. 이들 중 상당수가 철수과정에서 전사했다. 후퇴하면서도 적의 공세에 맞서 피 흘리며 싸운 미군들과 무명의 수많은 카투사들의 고귀한 희생으로 12만 명의 중공군은 치명타를 입었고 흥남항구로 철수한 9만8000명의 북한 주민들은 학살되지 않고 흥남 철수작전을 통해 탈출할 수 있었다.

더 나아가 지구상에서 사라질 뻔 했던 대한민국은 기적적으로 살아났다. 많은 전쟁 역사가들은 장진호 전투의 철수과정에서 당시 미군이 중공군에 의해 속수무책으로 무너졌다면 미군을 포함한 유엔군은 한국을 포기하고 철수했을 것이라고 말한다.

대한민국의 여러 격전지를 자주 탐방하면서 한 가지 아쉬운 것이 있다. 장진호 전투를 기념하는 추모비와 기념관이 없다는 것이다. 미국 워

▌ 미국 워싱턴 D.C 한국전쟁 참전용사기념공원 안에 있는 장진호 전투를 기념하는 조형물

싱턴DC의 한국전쟁 참전용사기념공원 안에 있는 장진호 전투 기념조형물과 같은 기념비가 대한민국에도 세워지는 그날이 오기를 간절히 기도한다.

14

기적의 흥남 철수작전

⋮

기적의 흥남 철수작전

**1만4000 피난민 태운 빅토리호
무사히 거제 도착 '크리스마스의 기적'**

장진호 전투에서 간신히 중공군의 포위망을 뚫고 철수한 유엔군은 모두 흥남으로 집결하였다. 유엔군이 철수한다는 소식이 전해지자 자유를 찾아 나선 피난민들이 순식간에 흥남 부두에 몰려들었다. 군인들과 함께 적어도 10만명 이상의 피난민들이 몰린 흥남 부두는 통제 불능 상태였다.

12월 12일부터 시작된 철군 규모는 미군과 국군병력 10만5000명, 차량 1만7500대, 군수품 35만 톤이었다. 영하20~30도를 오르내리는 강추위와 중공군의 추격 속에서 지상 최대의 철수 작전이 시작됐다. 철수 작전에 동원된 수송선은 모두 193척, 병력의 안전한 철수를 보장하기 위해 함포사격과 공중폭격이 밤낮없이 이루어졌다.

당시 미 제10군단장 알몬드 장군은 국군 제1군단 민사처장 유원식 중령에게 처음에는 한국인 3명만 배에 태우라고 지시했다가 유 중령의 끈질긴 교섭 끝에 3,000명까지 태우라고 지시를 변경했다. 유 중령은 처음부터 적어도 10만 명은 데리고 가야한다고 말했지만 알몬드 장군은 꿈쩍도 하지 않았다.

이 사실을 보고받은 김백일 군단장은 즉시 참모 회의를 소집했다. 김백일 장군은 침통한 표정으로 말문을 열었다. "나는 우리 군단이 이 피난민들을 포기하고 간다는 것은 조국애와 인류문명에 반하는 행위라고 생각하오. 어떠한 상황의 변화가 온다고 할지라도 나는 그들과 함께 가겠소. 그것은 우리 국군의 사명이기 때문이오."

송요찬 당시 수도사단장은 김백일 장군이 알몬드 장군에게 피난민 철수를 건의하던 장면을 다음과 같이 회고했다.

"장군! 기억하시오? 함흥 점령 후 개최한 시민 환영대회에서, 이승만 대통령을 모신 자리에서 장군께서는 함흥 시민의 생명과 재산을 보호하겠다고 분명히 약속하지 않았습니까? 미국 장군이 어찌 거짓을 말할 수 있소. 지금 여기 있는 동포들은 공산 분자가 아닌 선량한

애국 동포들이며, 만약 이들을 버리고 떠난다면 이들은 공산군에 의하여 전부 학살당하고 말 것입니다. 그렇게 된다면 우리의 존재가치는 없습니다. 그러므로 우리 한국군은 피난민들을 남기고 떠날 수 없으니 우리 한국군을 위한 선박에 피난민들을 태워 주십시오. 우리는 육로로 적진을 돌파하고 싸우면서 철수하겠습니다."

이 말이 알몬드 장군의 마음을 결정적으로 움직여서 가능한 한 많은 민간인을 선박에 태워 철수하도록 허락한 것이다. 북한 동포 10만 명을 구출한 흥남철수작전의 기적은 이처럼 알몬드 장군을 설득한 김백일 장군으로부터 시작된 것이다.

또한 알몬드 장군의 통역관 현봉학 박사도 알몬드 장군에게 애원했다. 현봉학의 고향은 함흥이었고, 함흥에는 많은 기독교인들이 있었다. 공산당이 점령하면 이들의 목숨이 제일 위험했다. 독실한 기독교인이었던 현봉학은 알몬드 장군을 만난 자리에서 "장군님! 이들은 민주주의를 진정으로 신봉하는 자들입니다. 지난 5년 동안 그들은 공산주의자와 대항해서 싸웠습니다. UN군을 도와준 사람들을 어떻게 해야 합니까"라고 호소하면서 민간인들을 반드시 구출해야 한다고 간곡히 말했다. 결국 알몬드 장군은 피난민들을 놔두고 떠날 수 없다며 피난민들을 구출하

▌ 흥남 철수 과정에서 1만4000명의 북한 피난민을 구출한 메러디스 빅토리호
　ⓒ 안재철 『생명의 항해』

도록 명령하였다.

　군인들의 철수가 끝나고 12월 19일부터 북한 피난민들의 철수가 시작됐다. 12월 22일이 되었을 때 피난민 구조를 위한 배는 7600톤급 화물선 메러디스 빅토리호 1척만 남게 되었다. 빅토리호의 선장 레너드 라루의 고민이 깊어졌다. 정원은 60명인데 승무원 48명이 타고 있었다. 화물을 다 내려놓아도 2,500명 이상은 탈수 없는데 부두에는 아직도 수많

▎ 라루 선장의 명령에 따라 12월 22일(금) 밤 9시 30분부터 메러디스 빅토리호에 피난민 승선이 시작되어 이튿날 12월 23일 오전 11시 10분이 되어서야 종료되었다.
© The World Peace Freedom United 안재철

은 인파가 구원의 손길을 기다리고 있었기 때문이다.

당시 흥남부두는 배를 타려는 인파로 문자 그대로 인산인해를 이루었다. 그들 가운데는 손에 십자가를 들고 찬송가를 부르며 배를 태워줄 것을 호소하는 10대 소년소녀들도 있었다. 라루 선장은 결심했다. 그의 명령에 따라 12월 22일 금요일 밤 9시 30분부터 피난민 승선을 시작하였다. 12월 23일 오전 11시 10분이 되어서야 승선은 종료되었다. 선원들은

공간이란 공간은 물론 조그마한 틈새까지도 피난민들을 밀어 넣었다.

라루 선장은 피난민을 한 사람이라도 더 태우기 위해 배에 실었던 200톤의 탄약, 500여개의 포탄, 유류 500드럼 등 장비와 물자를 다 버리고 피난민을 무려 1만4000명까지 태웠다. 폭 19미터, 길이 138미터의 7600톤급으로서는 대단한 초과 승선이었고 선내는 발 디딜 틈도 없었다. 1만4000명의 피난민들을 태운 메러디스 빅토리호는 12월 23일 오후 2시 54분에 남쪽으로 출항을 시작했다.

빅토리호는 48명의 선원들이 머무는 선실 외에 12인용 선실밖에 없는 화물운반용 선박이었다. 먹을거리며 마실 물이나 위생설비도 없기에 수천 명을 태울 수가 없는 형편이었다. 당시 배에 있었던 현채린 씨 증언이다.

> "우리는 배를 못 타면 몰살당한다고 생각했습니다. 우리 화물선은 미국 상선이었는데 3개 층으로 되어 있었어요. 배에서 애를 낳는 것도 보았어요. 대소변도 그 자리에서 봐야 하니 냄새가 말도 못했습니다."

▌ 메러디스 빅토리호의 갑판 위를 가득 메운 북한 피난민들

　　동해안의 차디찬 겨울 바다를 지나는 메러디스 빅토리호의 앞길에는 만만찮은 위험이 잔뜩 놓여 있었다. 빅토리호는 기뢰를 탐지하거나 파괴할 수 있는 장비도 없이 적군이 기뢰를 부설한 바다를 헤쳐 나가야 했다. 당시 흥남항의 항로에는 4000여개의 기뢰들이 살포되어 있었다. 두 달 전에는 3척의 미해군 소해정이 기뢰에 의해 침몰한 사건이 있었다. 1주일 전에는 미해군 상륙정 4척이 기뢰에 의해 폭파되는 일도 있었다. 또한 인근에서 작전 중인 소련군 잠수함에 발각되어 적군어뢰에 격침당

할 수도 있었다.

　빅토리호는 비무장 상선이고 호위함도 없었다. 더군다나 철저한 보안 때문에 어떠한 무전교신도 할 수 없는 상태였기 때문에 망망대해 위에서 갑작스런 위기상황이 발생할 때 대처할 수 있는 방안이 전혀 없었다. 게다가 빅토리호 아래쪽 선창에는 300톤의 항공유까지 싣고 있던 터라 불꽃 하나라도 튀는 날이면 대형 참사가 발생할 수도 있었다.

　이러한 악재 속에서 12월 25일 낮 12시 42분 빅토리호는 거제도 장승포항에 무사히 도착하였다. 3일 동안의 험난한 항해 중에도 죽거나 다친 사람은 아무도 없었다. 오히려 배 안에서 5명의 새 생명이 탄생하였다. 빅토리호의 선원들은 이 아이들의 이름을 김치 1, 2, 3, 4, 5로 지었다.

▎1만4000명의 피난민을 구출한 메러디스 빅토리호 선장 레너드 라루

　훗날 라루 선장은 당시의 상황을 이렇게 회고했다.

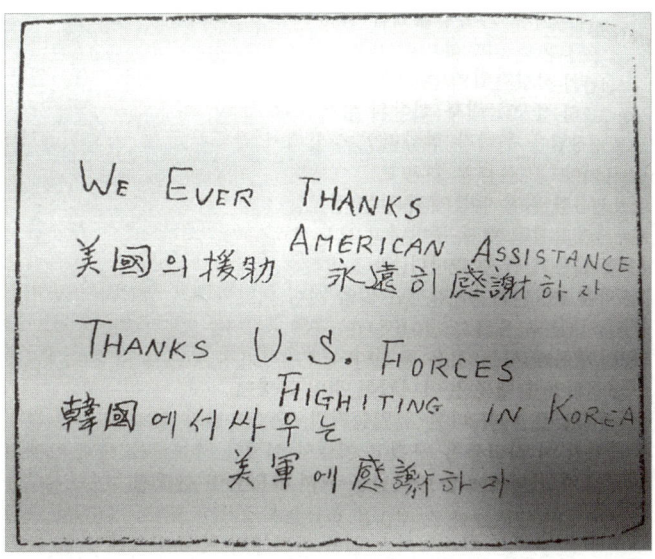

▌ 메러디스 빅토리호에 승선, 북한을 탈출하여 거제도에 도착한 북한 피난민이 메러디스 빅토리호 선원에게 써준 감사의 글
ⓒ 안재철 『생명의 항해』

"저는 종종 그 항해에 대해 생각을 합니다. 어떻게 그렇게 작은 배가 그처럼 많은 사람을 태우고, 단 한사람도 잃지 않고 끝도 없는 위험을 극복할 수 있었는지 생각해 봅니다. 그해 크리스마스, 바다의 거친 파도 속에서 배의 키를 잡으신 분은 하나님이셨습니다."

피난민들이 모두 배에서 내린 그날 밤, 라루 선장은 일기장에 다음과 같이 기록했다. "항해 중 5명 탄생. 사망자 없음. 1만4005명 무사히 상륙시킴."

15

6·25전쟁과
프레데릭 해리스 목사

6·25전쟁과 프레데릭 해리스 목사

이승만과 각별한 해리스 목사,
신속한 미군 참전에 결정적 역할

한국의 영원한 친구, 프레데릭 B. 해리스(Frederick Brown Harris, 1883~1970)

북한 김일성 집단에 의해 시작된 6·25 남침 전쟁에서 대한민국이 망하지 않고 살아남을 수 있었던 배경에는 트루먼 미국 대통령의 신속한 미군 참전 결심이 있었다. 당시 한미상호방위조약이 없었기 때문에 미국은 6·25전쟁에 참전해야 할 아무런 이해관계가 없었다. 더군다나 한반도를 미국 태평양 방위선에서 제외한다는 애치슨 선언이 발표된 뒤였다. 그런 상황에서 트루먼이 자국이 공격받은 것도 아닌데 그렇게 빨리 미군의 파병을 결심했다는 것은 기적이다. 도대체 무엇이 트루먼 대통령의 마음을 움직였을까? 트루먼이 미군파병을 신속하게 결정할 수 있었던 것은 그동안 세간에 잘 알려지지 않았던 프레데릭 해리스 목사라는 한 사람의 역할이 크게 작용했다.

▌ 6·25전쟁 발발 직후 트루먼 미국 대통령에게 한국을 구해야 한다는 전문을 보낸 빌리 그래함 목사 (1918~2018)

프레데릭 B. 해리스(Frederick Brown Harris, 1883~1970, 이하 해리스) 목사는 미국 역사상 가장 오랜 기간인 24년 동안 상원 원목으로 재직한 관계로 미국 정계를 움직이는 가장 중요한 기독교인이었다. 물론 트루먼의 신속한 파병 결정에는 빌리 그레이엄 목사의 전보가 영향을 미치기도 했다. 6·25전쟁 발발 직후 그레이엄 목사는 트루먼 대통령에게 전보를 보내 "코리아의 남쪽에는 인구 대비 세계 그 어느 지역보다 많은 기독교인들이 있다. 그들을 내버려두어서는 안 된다"라고 호소했다.

그런데 당시 빌리 그레이엄은 31세의 젊은 목사였고, 전보를 보낼 당시까지도 트루먼을 만난 적이 없었다. 하지만 빌리 그레이엄에 비해 해리스는 트루먼이 부통령 시절부터 친밀한 관계를 쌓아왔다. 6·25전쟁 발발 약 한달 전 해리스는 트루먼에게 긴급서한을 보내 한국을 둘러싼 국제정세가 긴박하게 돌아가고 있으니 한국의 안보를 위해 이승만을 국빈으로 초청해 만날 것을 요청했다. 해리스와 이승만 대통령과의 관계는 각별했다. 그가 목회를 담당했던 파운드리 감리교회(Foundry Methodist Church)에 1939년부터 1945년까지 출석했던 교인이 이승만이었기 때문이다.

1950년 6월 25일(미국시각) 트루먼 미국대통령은 주말 휴가차 갔던 고향 미주리주 인디펜던스 자택에서 워싱턴으로 향하는 전용기 안에서 참전을 결심한다.

1950년 8월 18일 해리스는 트루먼에게 보낸 서한에서 트루먼의 신속한 파병결정을 치하했다. 해리스는 트루먼의 결정이 "훗날 20세기의 가장 중대한 결정이었다고 회고될 것"이라고 격려했다. 이에 대해 트루먼은 "당신의 편지에 대해 무척 감사하고 있다"고 회신했다.

연세대학교 이승만연구원 김명섭 원장과 유지윤 연구원의 논문에 의하면 해리스는 6·25전쟁 기간 중 물심양면으로 한국을 지원하는 일에도 제일 앞장섰다고 밝히고 있다.

▎ 미국 워싱턴 D.C에 소재한 파운드리 감리교회(Foundry Methodist Church)

1950년 10월 1일 해리스는 파운드리 교회에서 전쟁 중에 있는 한국을 위해 기도할 것을 제안하였고, 헌금으로 모인 300달러를 한국 정부 앞으로 기부했다. 1951년에도 특별 부활절 헌금 1,550달러를 한국에 전달했다. 이승만은 "이 어려운 시기의 정신적 물질적 후원은 우리에게 큰 격려가 됩니다"라며 감사의 뜻을 전했다.

해리스는 1951년 10월에도 서울 수복 과정에서 전사한 윌리엄 H. 쇼

(William H. Shaw)의 아버지 윌리엄 E. 쇼 선교사를 통해 360달러를 한국에 기부했다. 그 중에서 100달러는 전쟁 중 피해를 입은 한 살배기 아기를 위해 사용해달라고 특별히 부탁했다. 전쟁 중 왼손과 시력을 잃은 그 아기는 부모와 집도 없던 상황이었다. 1951년과 1953년에는 방한용품을 모아서 파운드리 교회 전 부목사이자 당시 주한미군 군종목사 랄프 존을 통해 후원하기도 하였다.

특히 주목해야 할 것은 파운드리 교회에서는 약 40여명의 한인들이 김태묵 목사를 중심으로 전쟁 중에 있는 한국을 돕는 일에 힘을 기울였으며, 이 모임이 주축이 되어 1951년 10월 14일부터 워싱턴 D.C지역 최초의 한인교회가 시작되었다는 것이다. 아직 인종분리정책이 실시 중이던 미국에서 파운드리 교회가 한인교회 탄생의 보금자리가 된 것이다.

해리스의 한국사랑은 전쟁 이후에도 계속되었다. 해리스는 전쟁 이후에도 경제원조 정책에서 중요한 역할을 담당했던 인물들을 통해 한국에 대한 경제원조에 계속 힘을 쏟았다.

1954년 7월 이승만 대통령이 미국 국빈방문으로 워싱턴 D.C에 도착했을 때 이승만이 탑승한 비행기에까지 올라 그를 영접한 사람이 해리

▎ 이승만 대통령이 1954년 8월 1일 미국 워싱턴D.C의 파운드리 감리교회에서 연설하고 있는 모습 (이대통령의 오른쪽에 서 있는 사람이 프레데릭 해리스 목사다.)

스 목사였다. 착륙 직후에 가진 기자회견에서 이승만은 "나의 목사님 해리스"라는 표현을 했다.

이 대통령은 방미기간 중이던 8월 1일 파운드리 교회 예배에 참석했는데 이때 이승만은 이 교회를 통해 이루어진 해리스와의 오랜 관계를 다음과 같이 회고했다. "1945년 이전에 워싱턴 D.C에서 망명생활을 할 때, 나는 이 교회에서 예배를 드렸고, 평생의 친구이자 현재 이 교회를 관할하는 프레데릭 해리스 목사를 사귀었다."

이승만의 방미 이후 파운드리 교회에서는 해리스 목사의 재임 30주년을 기념하는 행사가 있었는데 이때 양유찬 주미대사가 이승만이 보내는 메시지를 대독했다. 이승만은 행사 준비위원에게 편지를 보내 "나는 한국이 가장 어두울 때 해리스로부터 지혜로운 가르침을 받을 수 있었다. 그는 나의 친구이자 멘토이며, 내 조국의 위대한 챔피언(champion)"이라고 해리스를 묘사했다.

해리스는 1955년 3월 26일 이승만의 생일을 축하하는 전문을 통해 "훌륭한 기독교인이자 국가원수이며 세계적으로 용맹스런 자유수호자에게 당신의 교회 파운드리가 생일 안부를 전한다"고 했다. 이승만은 "우리의 교회 파운드리 교인들에게 감사를 표하며", "나의 사랑하는 조국이 독립적인 민주주의적 방법으로 통일되고 자유롭게 되기까지 쉬지 않을 것입니다. 무신론적 공산주의에 맞선 나의 충성스런 국민들에게 하나님의 은혜가 함께하여 곧 실현될 것입니다"라는 답신을 보냈다.

이상과 같이 해리스는 파운드리 교회의 담임목사이면서 이승만과의 관계를 통해 한국을 위한 '그림자 대사'(a shadow ambassador)와 같은 역할을 충실히 수행하였던 것이다.

오늘의 자유민주주의는 위기에 처한 대한민국을 위해 피 흘리며 싸운 국군과 유엔군을 포함하여 이 나라의 자유 수호를 위해 결정적인 역할을 한 해리스 목사 등의 신실한 기독교인들이 있었기에 가능했다. 6·25전쟁이라는 국난의 위기 속에서도 대한민국을 향하여 놀라운 구원의 역사를 행하신 우리 하나님께 모든 영광을 돌린다.

16

이승만과 맥아더는
중공군 개입을
예견하고 있었다

이승만과 맥아더는 중공군 개입을 예견하고 있었다

6·25전쟁을 둘러싸고 많은 사람들이 잘못 알고 있는 것 중에 하나는 맥아더 장군이 중공군의 개입사실을 전혀 알지 못했다는 주장이다. 하지만 정일권의 회고록에 의하면 이승만과 맥아더는 이미 중공군의 개입사실을 예견하고 있었으며, 이에 대한 의견을 교환하는 편지를 주고받았음을 증언하고 있다.

이승만 대통령은 정일권에게 두 통의 편지를 보여주었는데, 한 통은 이승만이 맥아더에게 보낸 편지의 필사본이었고, 또 한 통은 맥아더가 1950년 10월 13일 이승만에게 보낸 답장이었다. 다음은 이승만이 맥아더에게 보낸 편지 내용이다.

"북진이 순조롭게 진행됨에 따라 워싱턴과 영·불은 소련 및 중공의 군사개입을 겁내고 있는 경향이 두드러지고 있는데, 본직(本職)은 소련은 몰라도 중공의 개입 가능성은 매우 크다고 보는 바입니다. 솔직히 말하면, 이번 트루먼 대통령은 만나더라도(트루먼과 맥아더의 웨이크 섬에서의 회동을 말함) 이 가능성을 긍정하지 말았으면 합니다. 귀하가 긍정함으로 해서 북진을 방해하는 작전상의 제한이 가중될 우려가 있기 때문입니다. 한국민은 거족적으로 북진통일만을 열망하고 있습니다. 이 간절한 심정을 살펴주시기를 바라는 바입니다."

이에 대한 맥아더의 답장은 다음과 같다.

"전적으로 동감합니다. 본직(本職)은 믿을 만한 정보통의 보고를 받고 있습니다. 중공군은 반드시 나타날 것입니다. 하나, 이 가능성을 겉으로는 긍정할 수 없습니다. 그들은 숨어서 압록강을 건널 것입니다. 조금도 모르는 것으로 할 것입니다. 중공은 그 방대한 군사력을 배경삼아, 가까운 장래에 아시아에 있어서 민주주의의 최대 위협이 될 것입니다. 그 배후에는 소련이 있습니다. 중공의 잠재적인 군사력을 때릴 만한 기회는 지금 아니고서는 없을 것입니다. 전략은 이미 준비되어 있습니다. 다만 워싱턴이 어디까지 본직의 전략을 뒷받

▌ 1950.9.27. 트루먼 대통령이 맥아더에게 내린 〈조건부 승인〉 훈령
"38선 이북으로 진격하는 것은 소련 또는 중공의 주력군이 북한에 진입하고 있지 않거나, 북한 안에서 군사적으로 소련군 및 중공군의 위협에 직면하지 않으리라는 확신이 있을 경우에 한한다."

침해 주느냐가 문제입니다. 경우에 따라서는 거센 반대에 부딪힐 것입니다. 하지만 불퇴전의 결의는 조금도 변하지 않을 것입니다. 이미 말씀드린 바와 같이 필요하다면 원폭도 불사할 것입니다."

1950년 10월 15일, 웨이크 섬 회담에서 맥아더는 중공군의 참전 가능성을 이미 알고 있음에도 불구하고 트루먼 대통령에게 이러한 중공군의 개입 가능성을 극구 부인하였다. 이는 9월 27일 트루먼이 내린 "38선 이북으로 진격하는 것은 소련 또는 중공의 주력군이 북한에 진입하고 있지 않거나, 북한 안에서 군사적으로 소련군 및 중공군의 위협에 직면하지 않으리라는 확신이 있을 경우에 한한다."라고 하는 '조건부 승인 훈령' 때문이다. 때문에 트루먼 대통령에게 중공군의 개입가능성을 언급하게 되면 '조건부 승인 훈령'에 의해 UN군의 38선 진격이 불가능하기 때문에 38선 진격을 위해 맥아더는 이를 숨긴 것이다.

1951년 1월 6일 이승만 대통령의 트루먼 대통령에게 다음과 같은 편지를 보낸다.

> "이러한 사태를 극복하려면 우리는 지금 중공 침략군을 격퇴시키고 쳐부수기 위해 할 수 있는 모든 노력을 기울이지 않으면 안 됩니다. 한국인들에게 무기를 제공해서 한국식 게릴라 전략에 따라 전쟁을 수행할 수 있도록 허용하시고, 맥아더 장군으로 하여금 어느 곳에든 공산군의 침략을 막을 수 있는 무기와 심지어는 원자폭탄까지도 사용할 수 있는 권한을 주시기 바랍니다. 모스크바에 폭탄 몇 방이면 그것만으로도 공산세계를 뒤흔들어 놓을 것입니다."

위의 여러 자료들을 통해 이승만과 맥아더의 의중이 무엇인지 확연하게 드러난다. 이 두 사람의 목표는 6·25전쟁에서 공산군을 단순히 한반도에서 물리치는데 그치는 것이 아니라 중공군과 소련공산체제까지

▌ 1950년 10월 15일, 트루먼 대통령, 맥아더와의 웨이크 섬 회담

흔들어서 지구상에서 공산주의를 궤멸시키려 했던 것이다. 하지만 안타깝게도 당시의 국제정세는 이승만과 맥아더의 뜻대로 흘러가지 않았다.

중공에 대한 원폭 공격과 관련하여 정일권 육군참모총장은 1951년 초 동해안 양양 전선으로 시찰을 나온 맥아더와 만나 나눈 대화를 자신의 회고록에서 다음과 같이 밝히고 있다.

"이제까지 만주 폭격과 원폭 사용을 주장해 왔지만 조금도 잘못은 아니다. 원폭이라 했지만 본보기로 허허벌판에 한 발 터뜨려 보자는 것이었다. 난들 왜 가공스러움과 죄악스러움을 모르겠는가. 다만 중공군에게 제동을 걸어 보자는 것인데, 트루먼은 끝내 거부해 오고만 있다. 제너럴 정, 당신도 잘 알다시피 원폭을 그토록 바라고 있는 당신네 이 대통령에게 말할 수 없이 미안하오. 만날 때마다 '원폭도 불사한다'고 했던 약속이 이처럼 허사가 될 줄은 몰랐다고, 노인에게 전해 주시오…."

휴전협정에 서명을 한 유엔군 사령관 클라크 장군은 휴전 30년 후인 1983년 '미국의 소리(Voice of America)' 방송에 출연하여 다음과 같이 회고했다.

"만약 당시의 워싱턴 당국이 맥아더 장군 때부터 금기사항으로 취급 당한 만주 폭격(원폭 포함)을 허가했다면 유엔군은 훌륭하게 군사적 승리를 거두었을 것이다."

맥아더 장군은 원폭을 사용하되 한반도가 아닌 만주지역에 사용하기를 원했다. 그런데 오늘날 맥아더를 둘러싸고 잘못 알려져 있는 것이 있는데, 맥아더가 핵무기 사용을 주장한 것에 대해 그가 핵무기를 동원하여 한민족을 말살하려고 했다는 터무니없는 주장이다.

미국의 브루스 커밍스는 1950년 7월 9일 맥아더가 당시 합참의장이던 리지웨이에게 긴급 메시지로 원폭 사용에 관해 전문을 보냈다고 자신의 저서에서 밝혔다. 또한 커밍스는 영국 외무성 자료를 근거로 1950년 12월 9일 맥아더가 핵무기 사용을 위한 재량권을 요청했다고 주장했고, 12월 24일 26개의 핵무기가 필요한 목표 리스트를 제출했다고 밝혔다. 하지만 이와 같은 커밍스의 주장은 사실과는 전혀 다르다. 정확한 사실은 다음과 같다.

1950년 12월 21일 중공군의 우세로 유엔군이 상당한 고전을 면치 못하고 있을 때, 미 육군부의 작전참모부장인 볼트(Charles L. Bolte) 장군은 맥아더 사령부에게 핵무기 선제 타격 지역 20곳을 선정해 달라는 전문을 보낸다. 이에 대해 맥아더는 12월 24일 소련군의 남진을 막아내고 전략지역을 무력화시킬 목적으로 21곳의 타격지역을 선정하여 답신을 보냈다. 타격 지역 가운데 16곳은 소련 영토이고 5곳은 중국 지역이다. 한반도의 어느 한 곳도 대상 지역에 없었다. 정리하자면, 핵무기 사용 구상을 제기한 곳은 워싱턴의 육군부이고, 맥아더는 그 요청에 따라 사령관

1950년 10월, 중국 공산군은 한국 전쟁에 개입하기 위해 압록강을 불법적으로 건넜다.

으로서 답변을 보낸 것이다.

그런데 커밍스는 어이없게도 이 21일자 볼트의 문서를 생략한 채, 마치 핵무기의 사용을 먼저 요청한 사람이 맥아더라고 주장하였다. 이러한 주장을 검증을 거치지도 않고 국내 일부 학자들은 그대로 인용하여 맥아더를 '원자탄 26개로 한반도의 종말을 기도한 사람'으로 교묘하게 악평하고 선동하고 있는 것이다. 맥아더가 핵무기를 동원하여 한반도를 초토화하고 한민족을 말살하려 했다는 주장은 전혀 근거가 없는 거짓이다.

오히려 맥아더는 만주지역에 핵무기를 사용해서라도 중공군의 세력을 궤멸시키려는 원대한 계획을 가지고 있었다. 더욱 놀라운 것은 이승만 대통령은 중공뿐만 아니라 소련 공산체제를 무너뜨려야 한다는 확고한 생각을 가지고 있었다.

1954년 7월 28일 미국 방문 중에 미 의회에서 이승만대통령은 다음과 같은 역사적인 연설을 했다.

"우리는 소련의 약속을 신뢰할 수 없다는 사실을 잘 알고 있습니다. 36년간의 경험(1917년 볼셰비키 공산혁명 이후)을 통해서 우리가 배운 것이 있습니다. 공산주의자들은 조약을 파기하는 것이 자기들에게 이익이 된다고 생각하면 조약을 결코 존중하지 않는다는 사실입니다. 그들은 그 어떤 양심의 가책, 인도적 원칙 또는 종교적 제재에도 억제되지 않습니다. 그들은 세계정복의 야욕을 달성하기 위해서는 그 어떤 수단, 심지어 고문과 집단학살과 같은 가장 잔인한 수단까지도 사용해 왔습니다. 소련은 이런 행위를 스스로 중지하지 않을 것입니다.

1954년 7월 28일 이승만 대통령의 역사적인 미 의회 연설장면

그러므로 우리가 그것을 막아야만 합니다. 그렇다면 미국과 그 우방들이 소련의 공장들에 대해서 지금 폭탄을 투하해야만 하겠습니까? 아니면 도살장에서 죽음을 기다리는 거세된 소처럼 그저 서 있어야만 하겠습니까?

우리에게는 시간적 여유가 거의 없습니다. 몇 년 이내로 소련은 미국을 정복할 수단을 가지게 될 것입니다. 우리는 지금 행동을 개시

해야 합니다. 우리가 어디서 행동할 수 있겠습니까? 우리는 극동에서 개시할 수 있습니다. 중국 본토의 공산정권은 결정적인 약점을 가진 괴물(monster)입니다. 대중이 그 정권을 증오하고 있습니다. 중공은 그들을 반대하는 150만 명을 학살했지만, 아직도 수많은 자유중국 게릴라들이 중국 본토 내에서 투쟁하고 있습니다. (중략)

중공의 경제 상태는 극도로 취약합니다. 중공은 수입의 60%를 해상을 이용하고 있으며, 연안 해운이 그들의 남북 교통의 가장 중요한 수단입니다. 그러므로 미국 해군에 의해 중국 해안이 봉쇄된다면 중공의 교통망은 큰 혼란을 겪게 될 것입니다. 중공 정권에 대한 반격의 성공을 보장하기 위해서는 미국 해군과 공군이 필요합니다. 그러나 미국 보병은 필요치 않을 것이라고 나는 다시 한 번 강조합니다."

이승만 대통령의 미 의회연설의 핵심은 세계에 만연한 공산주의와 공산국가를 무너뜨리는 '붕괴 전략'이다. 그것은 곧 중국을 점령하고 있는 중공군을 붕괴시키는 데서 시작되어야 한다는 것이다. 그 전략의 핵심은 중국 해안을 봉쇄한 후 미국 해군과 공군이 반격을 하면 중공은 그대로 붕괴될 것이며 그렇게 되면 소련은 자동적으로 고립이 되어서 세계 공산화 계획에 큰 타격을 입게 될 뿐만 아니라 결국에는 소련도 붕괴

된다는 것이다. 그러면 결과적으로 북한과 더불어 모든 공산진영은 무너지게 된다는 것이 이승만 대통령이 전하고자 했던 메시지였다. 정말 시대의 선각자가 아닐 수 없다.

17

6·25전쟁이 가져다 준 뜻밖의 선물, 한미상호방위조약

6·25전쟁이 가져다 준 뜻밖의 선물, 한미상호방위조약

2차 세계대전 이후 식민지 지배에서 독립한 140여 개의 신생 독립국 중 대한민국은 국민소득 순위 139위로 가장 헐벗고 못사는 나라에 속했다. 게다가 6.25전쟁을 거치면서 국민소득 60불도 되지 않는 그야말로 전 세계에서 가장 가난한 나라가 되었다. 이런 대한민국이 지금은 140여 개의 신생 독립국 중에서 유일하게 산업화에 성공한 나라가 되었을 뿐만 아니라 이미 선진국의 반열에 올랐다.

이처럼 대한민국이 세계적인 경제 강국이 될 수 있었던 기적의 배경에는 이승만 건국 대통령이 오늘날 대한민국이 선진한국이 될 수 있는 여러 초석을 놓았기 때문이다. 그 여러 초석 중에서 단연 으뜸이라 할 수 있는 것은 한미동맹의 시작인 한미상호방위조약 체결을 성사시킨 것이다.

6.25전쟁 중이던 1950년 10월, 미국이 중공군의 참전을 계기로 휴전을 모색하자 이승만 대통령은 이에 강력히 반발하기 시작했다. 당시 휴전을 반대하는 사람은 이승만 대통령과 연일 '통일 없는 휴전 반대'를 외치는 대한민국 국민들뿐이었다. 나머지 미국, 유엔 참전국들, 중공, 북한 등 휴전을 찬성하는 나라는 무려 20여 개국이나 되었다. 중립국까지 더하면 전 세계가 이승만을 에워싸고 '그만 휴전하라'고 무섭게 총공세를 퍼붓고 있는 판국이었다. 하지만 북한 땅에 백만 명의 중공군이 주둔해 있는 데다 대한민국과 미국 사이에 어떠한 방위조약도 맺지 않은 상황에서 휴전협정이 체결되는 것은 국가적인 자살이라 생각한 이승만 대통령은 결코 휴전을 승인할 수가 없었다.

1953년 6월 8일 미국이 한국 정부의 입장을 무시하고 북한과 중공을 상대로 휴전을 성립시키려 하자 이승만은 반공포로 27,000여 명을 독단적으로 석방하는 조치를 감행함으로써 전 세계를 놀라게 했다. 휴전을 계속해서 반대할 뿐만 아니라 반공포로까지 석방한 이 대통령에 대해 격분한 미국의 아이젠하워 대통령은 이 대통령을 제거하려고 했다. 그

1953년 6월 18일 이승만 대통령 명령 하에 2만 7388명의 반공포로를 석방하였다.

러나 이승만의 협조가 없이는 정전협정의 체결이 불가능하다고 판단한 미국은 그를 설득하고자 국무부 차관보 로버트슨을 파견하였다. 6월 26일부터 7월 11일까지 총 12차례에 걸쳐 진행된 로버트슨과의 회담에서 이승만은 한미상호방위조약을 체결하고 적극적인 군사원조를 제공하며 유엔군을 한국에 계속 주둔시킨다면 한국은 휴전을 방해하지 않겠다고 말했다.

애초부터 미국은 상호방위조약과 같은 이 대통령의 제안을 전혀 수

용할 생각이 없었다. 하지만 이 대통령의 끈질긴 요청과 압박에 결국 로버트슨은 '한국과 그 주변에(in and around Korea)' 미군을 주둔시키겠다고 약속했다. 선언이나 조약의 차원을 넘어 실제로 한국을 지켜줄 수 있는 군사력의 배치를 약속한 것이다. 더 나아가 미국은 휴전협정 후 90일 이내에 공산권과 정치회담을 열어 한국의 통일을 성취하겠다고 약속하며 가까스로 이승만으로부터 조건부 휴전 승인을 얻어냈다. 곧이어 7월 12일 한미 양국은 공동성명을 발표하였고 7월 27일 드디어 정전협정이 체결되었다.

로버트슨과의 회담을 통해 전개된 휴전협정 체결의 과정은 이 대통령의 입장에서는 하루하루가 피를 말리는 총성 없는 전쟁이나 다름없었다. 1953년 7월 11일 미 국무장관 덜레스에게 보낸 이 대통령의 친서를 보면 정전협정 체결 과정에서 대통령이 얼마나 깊은 고뇌의 시간을 보냈는지를 다음과 같이 밝히고 있다. "사람들은 지난 몇 주간의 이 끔찍한 시기(6.26~7.11, 로버트슨과의 회담 기간)에 본인이 감내해 온 고뇌와 여러 가지 문제와 결정을 위해 본인이 바친 기도의 시간을 이해하지 못합니다."

휴전협정은 체결되었으나 남과 북이 분단된 채 맞이하는 휴전이었기에 1953년 7월 27일 휴전협정 당일 이승만 대통령은 북한구원의 염원과

1953년 6월 25일 한국을 방문한 미국 대통령 특사 로버트슨을 맞이하는 이승만 대통령

의지를 담아 그 유명한 담화문을 발표했다.

"공산 학정 속에 당분간 그대로 남아 있게 되는 우리의 불쌍한 동포들에게 나는 이렇게 외치는 바입니다. 절망하지 마십시오. 우리는 결코 당신들을 잊지 않을 것이며 저버리지 않을 것입니다. 우리의 잃어버린 이북 5도와 북한의 우리 동포들을 다시 찾고 구출하려는 한국 국민의 근본 목표는 과거와같이 장차에도 그대로 남아 있습니다."

이 담화문을 발표한 이승만의 생각 속에는 휴전협정문 제4조 60항에 명시된 "한국 문제의 평화적 해결을 위해 3개월 이내에 정치회의를 개최한다"는 조항이 있었다. 즉 휴전 후 90일 이내에 통일 협상을 마무리 짓겠다고 약속한 미국을 지켜본 후에 행동하겠다는 굳은 의지가 있었다. 미국이 주장한 3개월의 종료일인 10월 26일이 되어서야 가까스로 판문점에서 통일 협상을 위한 예비회담이 개최되었다. 하지만 예비회담은 이승만의 예견대로 실패하였다.

1953년 10월 13일 이승만은 〈이브닝 스타〉 서울 특파원과의 회견에서 "만약 한국의 평화적 통일을 위한 구체적 조치가 1954년 1월 1일까지 취해지지 않는다면 나는 행동의 자유(단독 북진)를 회복한 것으로 인정하겠다"고 말했다. 이승만은 1953년 11월 4일 정치회담의 실패를 계속 예견하면서 "어떤 문제라도 앞으로 개최될 정치회의에서 평화리에 해결되리라는 것은 믿을 수 없는 일이다", "정치회의가 실패하거나 혹은 개최되지 않는 경우 한국은 한국통일을 실행하지 않으면 안 될 것이다"라며 단독 북진 계획을 단행할 것을 천명하였다.

이승만의 단독 북진 발언에 안절부절못하던 미국은 이를 막기 위해 1953년 11월 12일 닉슨 부통령을 한국에 파견하였다. 하지만 미국의 '이승만 달래기' 노력은 별 효과를 거두지 못했다. 1953년 12월 9일 이승만 대통령은 미국과 유엔 우방이 정치적 수단에 의하여 한국을 통일시키는 "최종 기일은 명년 1월 말일"이라고 선언하면서 만일 그것이 실패한다면 유엔 참전국들은 "전쟁 재개에 자동적으로 참가해야 한다"고 말했다. 그리고 "남북한은 통일되어야 한다. 북한에 있는 동포들은 우리들의 도움을 절규하며 요구하고 있다. 우리는 함께 행동해야 한다"며 통일의 의지를 강력하게 드러냈다. 1953년 12월 15일, 판문점 예비회담이 결국 결렬되자 이승만은 12월 21일 외신 회견에서 다시 한번 만일 정치회의 개최 후 90일이 되는 1954년 1월 말까지 한국통일이 달성되지 않는다면 "한국은 북한에서 굶주리고 있는 동포를 구출하지 않으면 안 될 것이다"라고 선언했다.

한편, 판문점에서의 예비회담이 아무런 성과 없이 무기한 중단되어 난관에 봉착한 미국의 덜레스 국무장관은 1월 25일부터 2월 18일까지 개최된 베를린 회담에서 4개국(미국, 영국, 프랑스, 소련) 긴급 외상회담을 열고 4월 26일 제네바에서 정치회담을 소집한다고 발표하였다.

1954년 4월 26일 개최된 제네바 회담에서 남한의 변영태 수석대표는 중공군의 즉각적인 북한 철수와 유엔 감시하의 북한 자유선거 실시라는 두 가지 통일 조건을 제시한 반면에, 북한 수석대표 남일은 소련의 통제하에 남북한 총선거를 실시해야 한다고 주장하였다.

설상가상으로 영국이 주도하여 호주 등 영연방국가들이 만든 타협안이 제출되었는데 그 골자는 '유엔 감시하에 남북한 총선거'를 실시하자는 것이었다. 이는 한국의 '유엔 감시' 주장과 북한의 '남북한 총선거'를 꿰맞춘 절충안이었다. 당시 한국의 통일보다 휴전 고착을 노리는 영국은 한술 더 떠서 두 가지 실천방안을 추진하였다. 첫째는 이승만 대통령이 남북 분단을 계속 유지하는 데 동의하도록 권고한다는 것이며, 둘째는 유엔 감시하 선거 전에 '임시 정권'을 설치, 임시정부가 총선거를 실시한다는 안이었다.

요컨대, 영국은 '한반도 남북한 총선거에서 한국은 손을 떼라'고 요구한 것이다. '임시 정권'이란 다름 아닌 북한이 주장하는 '남북한 전국 공동위원회'와 이름만 다른 것으로서 다시 말하면 대한민국은 정부를 해체하고 통일국가를 위한 '새로운 정부'를 세워 전국 총선을 치르자는 것이다. 격분한 이승만과 대표단은 즉각 이에 반대하였다. 이승만은 외국 통신기자들을 활용하여 제네바에 다음과 같이 경고장을 보냈다. "우리가 토의를 중단하고 퇴장할 시기는 도래하였다. 공산주의자들은 협의 중에도 날마다 북한에서 많은 학살자들을 내고 있으며 날마다 북한은 '중공화'하고 있다. 자유세계는 드디어 공산주의자들의 술책을 겪어보았으니, 타협이 무용한 것이라는 우리 견해에 동의할 것이다."

이승만은 5월 13일 로이터 기자에게 "제네바 회의에서 얻을 수 있는 유일한 성과는 공산 측과의 협상은 소용없고 위험하다는 것을 입증하는 데 있을 뿐"이라며 "우리가 가진 우세한 힘을 행사할 때가 도달하였다"고 강조하였다. 더 나아가 "만약 미국이 중공군과의 전투를 포기하지 않았다면 지금 우리는 통일되어 있을 것"이라며 새로운 주장을 내놓았다. 즉 서방 진영에서 북한의 '전국 총선거' 주장에 동조하는 국가들이 생기는 것에 대해 이승만은 '국민투표'와 '중공군 철수' 카드를 제시하였다. 경무대에서 타전되는 이승만의 제안을 알게 된 참가국들 사이에서 회담에 대한 비관론이 일면서 결국 제네바에서의 한반도 통일논의는 5월 15일 결렬되었고 한국 측 대표단장인 변영태는 이승만 대통령의 지시에 따라 제네바에서 휴전 무효를 선언했다. 결과적으로 제네바 회담은 건국 후에 하마터면 사라질 뻔한 대한민국을 구해낸 국제외교에서의 대승리였다고 평가할 수 있다.

제네바 회담 실패로 휴전협정은 사실상 효력을 상실하였으며 이승만

▌ 1954년 11월 17일 한미합의의사록은 대한민국 수도 서울에서 이승만 대통령이 지켜보는 가운데 변영태 외무장관과 브릭스 주한 미국대사가 양국을 대표해 공식 조인했다. 이와 동시에 양국 의회에서 비준한 한미상호방위조약 비준서를 공식 교환함으로써 한미상호방위조약은 11월 18일부로 공식 발효됐다.

은 북진통일을 이루어야 한다는 주장을 또다시 하기 시작했다. 이승만의 단독 북진 행동을 염려한 미국은 한미정상회담을 추진하고자 이 대통령에게 방미 초청장을 보냈다. 이승만 대통령은 제네바 정치회담 결렬에 따른 통일방안의 조정과 경제·군사 원조의 증액을 교섭하고자 1954년 7월 26일부터 8월 13일까지 미국을 방문하여 아이젠하워 대통령과 정상회담을 가졌다. 이승만은 미국 방문을 통해 미국의 군사 및 경제원조를 극대화하기 위한 노력을 다했다. 한·미 정상회담 이후 한 달 이상의 협상 끝에 9월 초 한미합의의사록의 초안이 작성되었다. 여기에는 한국이 미국과 협력하고 한국군을 유엔사령부의 작전지휘권 하에 남겨 둔다는 조건 하에 미국은 한국에 7억 불 상당의 경제 및 군사원조를 제공한다는 내용이 담겨 있었다.

이 초안에 따라 미국이 1955년도 회계연도에 4억 2천만 달러의 군사원조와 2억 8천만 달러의 경제원조를 한국에 제공하고, 10개 예비사단의 추가 신설과 79척의 군함, 그리고 약 100대의 제트전투기를 제공하는 조건으로, 한국은 '국제연합사령부가 대한민국의 방위를 위한 책임을 부담하는 동안 대한민국 국군을 국제연합사령부의 작전지휘권 하에 둔다'는 것에 동의한다는 내용의 '합의의사록에 한미 양국은 1954년 11월 17일 정식 조인했다. 또한 같은 날, 그동안 미뤄왔던 「한미상호방위조약」의 비준서도 상호 교환함으로써 비로소 조약의 법적 효력이 발생하게 되었다. '합의의사록'의 조인으로 한국은 육군 66만 1,000명, 해군 1만 5,000명, 해병대 2만 7,500명, 공군 1만 6,500명으로 구성되는 총 72만 명의 한국군을 계속 유지할 수 있게 되었다.

이로써 이승만 대통령은 우리나라가 오랫동안 그토록 원했던 '부국강병'(富國强兵)의 꿈을 부분적으로 실현함과 동시에 대한민국을 아시아권

▎ 1954년 11월 17일 미국에서도 덜레스 미 국무장관과 양유찬 주미 한국대사가 양국 의회에서 비준한 한미상호방위조약 비준서에 공식 서명하고 교환함으로써 한미상호방위조약은 11월 18일부로 발효되었다.

내에서 무시할 수 없는 군사 대국으로 만들어 놓았다. 아울러 미국의 군사적 보호막 아래 대한민국은 정치, 경제, 군사, 문화 등 모든 면에서 전례 없는 발전을 추구할 수 있게 되었다.

1954년 11월 18일부로 발효된 한미상호방위조약과 한미간에 조인된 합의의사록으로 시작된 한미동맹은 2025년 올해로 71년째를 맞이하고 있다. 한미동맹이 가장 성공적인 동맹이라고 평가받는 이유는 동맹의

▌ 한미상호방위조약 이후 미국에서 그려진 풍자 만화로 세계 초강대국 미국을 오히려 리드하는 이승만을 묘사하고 있다. 미국은 뒷전으로 밀려난 채 이승만 혼자 북 치고 장구 치고 피리 불고 있다.

목적인 '전쟁 방지'에 성공했으며, 동맹을 맺을 당시 세계에서 가장 가난했던 대한민국이 세계 10위권의 경제 대국으로 성장했다는 점이다. 하지만 이보다 더 중요한 역사적 의의가 있다. 그것은 한미상호방위조약이 발효되기까지의 과정에서 드러나듯이 그 중심에는 언제나 북한 동포들을 구출하고자 하는 이승만 대통령의 자유통일에 대한 분명한 의지와 목표와 열망이 있었다는 것이다. 한미상호방위조약이 발효된 지 71주년을 맞이하는 2025년은 한미동맹이 단순히 안보와 경제동맹의 수준에

▎ 이승만 대통령이 미국을 방문했을 때 환영하는 뉴욕 시민들의 모습(1954.8.2. 오전 11:30). 이승만 대통령은 1954년 7월 26일~8월 13일까지 미국의 군사 및 경제 지원을 극대화하기 위해 미국을 방문했다.

머무는 것이 아니라 자유통일과 복음통일의 목표를 향해 나아가는 영적 동맹으로 더욱 격상되기를 소망한다.

참고문헌

참고문헌

김명섭, 『6.25전쟁과 정전체제의 탄생』, (서울: 서강대학교출판부, 2018)

김선덕, 『무적해병의 전설 공정식』, (서울: 아사달, 2017)

_____, 『인천상륙작전의 숨은 주역 함명수』, (서울: 아사달, 2016)

김영호, 『이승만과 6.25전쟁』, (서울: 연세대학교 출판문화원, 2012)

김영재, 『박윤선』, (경기도: 살림, 2007)

김재동, 『대한민국 근현대사』, (서울: 우리, 2023)

김태균, 『우리는 천국간다』, (서울: 쿰란, 2012)

고지마 노보루, 『한국전쟁 상권』, (서울: 종로서적, 1981)

남도현, 『잊혀진 전쟁』, (서울: 플래닛미디어, 2013)

남정옥, 『6.25전쟁의 재인식과 이해』, (서울: 전쟁기념관, 2010)

남시욱, 『6.25전쟁과 미국』, (서울: 청미디어, 2015)

_____, 『한미동맹의 탄생비화』, (경기도: 청미디어, 2020)

로버트 올리버, 박일영 옮김, 『이승만 없었다면 대한민국 없다』, (서울: 동서문화사, 2008)

류형석, 『삼팔선 제3권』, (서울: 삶과꿈, 2016)

박 실, 『6.25전쟁과 중공군』, (서울: 청미디어, 2015)

_____, 『이승만 외교의 힘-벼랑 끝 외교의 승리』, (서울: 청미디어, 2010)

박응규, 『가장 한국적인 미국 선교사 한부선 평전』, (서울: 그리심, 2015)

배영복, 『전쟁과 역사』, (경기도: 거목문화사, 2014)

＿＿＿, 『진실과 비밀』, (서울: 세계문화, 2017)

백선엽, 『군과 나』. (서울: 시대정신, 2010)

빌 길버트, 『기적의 배(Ship of Miracles)』. 류광현 옮김, (서울: 비봉, 2015)

김명구 외 16인, 『아~잊으랴, 어찌 우리 이날을』. (서울: 세상바로보기, 2021)

안재철, 『생명의 항해 1권』, (서울: 월드피스자유연합, 2015)

＿＿＿, 『생명의 항해 2권』, (시울: 월드피스자유연합, 2015)

오진근, 김성채, 『손원일 제독』. (서울: 한국해양전략연구소, 2011)

온창일, 김광수, 박일송, 나종남, 『6.25전쟁 60대 전투』. (서울: 황금알, 2011)

이승만, 갈홍기 기록. 『이승만 대통령 방미일기』, (서울: 코러스, 2011)

이춘근, 『미국에 당당했던 대한민국의 대통령들』, (서울: 글마당, 2012)

인보길, 『이승만의 현대사 위대한 3년 1952~1954』. (서울: 기파랑, 2020)

임준석, 『천국소망 순교신앙』, (서울: 쿰란, 2017)

최영섭, 『바다를 품은 백두산』, (서울: Freedom & Wisdom, 2021)

프란체스카 도너 리, 『6.25와 이승만』, (서울: 기파랑, 2012)

경기문화재단, 『한국전쟁 60주년 사진집 1950 0625』 (서울: 대교출판, 2010)

현대사상연구회, 『6.25동란과 트로이목마』. (서울: 인영사, 2011)

부록

전 세계 공산주의
바이러스 퇴치를 위해
투쟁하라

전 세계 공산주의
바이러스 퇴치를 위해
투쟁하라

∴

　이승만 대통령은 휴전협정 이듬해인 1954년 7월 26일에서 8월 13일까지 19일 동안 미국을 국빈 방문하였다. 당시 이대통령의 공식수행원은 총 27명으로 손원일 국방부장관, 정일권 육군참모총장, 김정렬 국방부장관 보좌관(중장), 김일환 육본관리부장(중장), 최덕신 육군작전기획부장(소장), 장건식 국방부 제5국장(대령) 등 국방부 관리들이 대거 포함됐다. 군 요직이 이렇게 공식 수행원 명단에 다수 포함된 것은 이 대통령의 주된 방미 목적이 한미 군사협력 강화와 미국의 군사원조 요청에 있음을 보여주고 있다.

　이 대통령은 당시 제네바 회의 결렬에 따라 한반도의 상황이 다시 악화되고 있으므로 공산주의자들에 대해 적극적으로 대처하고 한반도의 통일을 앞당길 수 있는 방안을 심도 있게 논의하고자 미국 방문길에 오른 것이다. 미국에 머무는 19일 동안 이대통령은 영어로 수차례의 명연설을 하였다. 이 연설들은 세계 도처의 공산주의가 완전히 붕괴되고 온 세계에 자유가 확산되는 그 날을 간절히 열망했던 이승만 대통령의 진면목을 보여주는 것으로

서, 대한민국 국민이라면 꼭 한 번은 자세히 읽어야 할 내용이기에 연설문 중에서 중요한 부분을 발췌하여 소개하고자 한다.

7월 26일, 워싱턴 공항에서의 즉흥 연설

1954년 7월 26일 이승만 대통령은 워싱턴 공항에 도착하자마자 닉슨 부통령의 안내로 미국 육·해·공군 의장대를 사열한 후 도착 인사를 했다. 당초 이 대통령은 짤막하게 인사를 할 것으로 예정됐으나 무려 15분 동안 즉흥 연설을 했다. 보통 외국의 국가원수가 워싱턴에 도착하면 외교적인 어투로 상대방을 배려하면서 말하는 것이 보통이다. 이승만 박사도 그런 선에서 도착 인사를 준비했었다. 그러나 그는 준비된 이야기를 하지 않고 마음속에 있는 말들을 쏟아냈다. 그는 미국인들이 한국을 어떻게 구해줬는지, 그리고 공산주의자들의 남침 야욕이 어떻게 좌절됐는지를 우선 설명했다. 그리고 이승만 박사는 다음과 같이 말했다.

"만약에 우리가 조금만 더 용기가 있었다면 압록강까지 차지할 수 있었습니다. 그러나 일부 사람들이 조금 겁을 먹어 우리는 다 차려 놓은 밥상을 차지할 수 없었습니다. 그때가 한국, 미국과 유엔, 그리고 모든 자유국가들에게 최상의 기회였는데 놓친 것입니다." 그리고 이대통령은 낮은 목소리로 다음과 같이 말했다. "전지전능하신 하나님은 확실한 승리를 위한 우리의 계획이 기필코 성취되도록 보살펴 주실 것입니다."

1954년 7월 26일 워싱턴 공항에 도착한 후 즉흥 연설을 하는 이승만 대통령

7월 26일, 백악관 국빈 만찬에서의 연설

이승만 대통령은 7월 26일 저녁 백악관 국빈 만찬에 참석하였다. 만찬회는 아이젠하워 대통령의 환영 연설로 시작됐다. 아이젠하워는 자기가 육군 참모 대학 재학 중에 들었던 강의, 즉 모든 것은 변한다는 논리를 근거로 이승만 대통령에게 전쟁이 아니라 남북한의 평화 공존을 암시하는 발언을 했다.

이승만 대통령은 이어지는 연설에서 아이젠하워의 연설에 대해 즉각적인 반응을 보이지 않고, 6·25전쟁에서 보여 준 미국의 지원에 대해 고마움을 표시한 후에 곧바로 공산주의자들과의 결사항전 의지를 천명했다.

"우리 영토가 외부 공산군에게 점령되어 있는 한 우리는 최후까지 싸울 것입니다."

"육해공군의 장병들뿐만 아니라 남녀 또는 지위고하를 막론하고 나라를 통일하지 않으면, 공산 침략군을 우리 땅에서 몰아내지 않으면, 우리가 살 수 없다는 점에서 온 국민이 모두 하나가 되어 있습니다. 바로 이런 정신이 한국인으로 하여금 아시아 최대의 반공 방위력을 자랑하는 군대를 갖도록 했습니다. 그렇습니다. 한국군 장병들은 기꺼이 죽을 각오가 되어 있습니다."

7월 27일, 제1차 한미 정상회담

이승만 대통령은 아이젠하워 대통령과의 정상회담을 위해 1954년 7월 27일 오전 10시 백악관 회의실로 들어섰다. 한미 양국 대표가 백악관 회의실의 타원형 테이블에 마주앉자 이승만 대통령이 먼저 말문을 열었다. "앞으로 어떤 수를 써서라도 북한에 주둔하고 있는 100만 중공군을 철수시켜야 합니다."

아이젠하워 대통령은 이승만 대통령의 발언에 대해 구체적으로 답변하는 것이 아니라, "모든 문제는 평화적으로 해결하는 것이 좋습니다."라는 말을 여러 차례 반복함으로써 이 대통령의 입장에 대해 유보적인 태도를 견지했다.

이어 화제가 한일 국교정상화 문제로 넘어가자, 이승만 대통령은 크게 화를 내며 언성을 높였다. "한일회담의 일본 수석대표 구보다라는 자가 일본의 한국 통치가 유익했다는 말을 하고 있는데, 당신네는 알고 있는가? 이런 성의 없는 자들과 어떻게 국교를 정상화하라는 말인가?"라고 신랄하게 따졌다. 회의장의 분위기가 긴장되고 무거워지자 아이젠하워가 덜레스 국무장관에게 사실 여부를 확인했다. 덜레스는 즉시 구보다의 망언으로 한일회담이 결렬됐다고 보고했다.

한일 국교정상화에 대한 미국 측의 입장과 우리 측의 입장 간에 현격한 차이를 보인 제1차 한미 정상회담은 별다른 소득 없이 1시간 반 만에 폐회됐다. 역사적인 회담이었지만 회담에 임하는 양국 정상 사이에는 말로 표현하기 어려운 거리감이 존재했었다.

7월 28일, 미 의회에서 행한 이승만 대통령의 명연설

7월 28일 오후 4시 32분에는 역사적인 미 의회 연설이 있었다. 이 연설은 이 대통령의 미국 방미기간 중에 행한 여러 연설들 중에 하이라이트였다.

"나는 이 기회에 6·25전쟁에 참전한 미군의 어머니들에게 우리 마음속에

1954년 7월 28일 미 의회에서 이승만 대통령이 연설하는 도중 국회의원들이 기립박수를 치고 있다.

서 우러나오는 깊은 감사를 표시하지 않을 수 없습니다. 우리가 가장 암울한 처지에 놓여 있던 시기에 그들은 미국 육·해·공군 및 해병대에서 복무하는 자식, 남편, 형제들을 한국으로 보내줬습니다. 정말 감사합니다. 우리는 영원히 잊을 수 없습니다. 우리나라의 계곡과 산으로부터 한미 양국 군인들의 영혼이 하나님에게 함께 올라갔다는 사실을 말입니다. 우리가 그들을 마음속에 소중히 기억하듯이, 전능하신 하나님도 그들을 어여삐 품어 주실 것입니다."

"수많은 미국인들이 이렇게 한반도에서 대의(大義)를 위해 그들이 가졌던 모든 것을 바쳤습니다. 그러나 그들이 승리를 위해서 목숨을 바친 그 전투는 아직도 승리를 쟁취하지 못하고 있습니다. 한국 전선에서는 현명치 못한 휴전에 의해 포화가 잠시 중단되고 일시적으로 침묵을 지키고 있지만, 적은 이 기회를 무력을 증강시키는 데 이용하고 있습니다.

소련 공산주의자들은 세계 정복의 야욕을 달성하기 위해서는 그 어떤 수단, 심지어 고문과 집단학살과 같은 가장 잔인한 수단까지도 사용해 왔습니다. 소련은 이런 행위를 스스로 중지하지 않을 것입니다. 그러므로 우리가 그것을 막아야만 합니다.

그렇다면 미국과 그 우방들이 소련의 공장들에 대해서 지금 폭탄을 투하해야 하겠습니까? 아니면 도살장에서 죽음을 기다리는 거세된 소처럼 그저 서 있어야만 하겠습니까? 우리에게는 시간적 여유가 거의 없습니다. 몇 년 이내로 소련은 미국을 정복할 수단을 가지게 될 것입니다. 우리는 지금 행동을 개시해야 합니다. 우리가 어디서 행동할 수 있겠습니까? 우리는 극동에서 행동을 개시할 수 있습니다.

중국 본토의 공산 정권은 결정적인 약점을 가진 괴물입니다. 중공의 경제 상태는 극도로 취약합니다. 만약 미국 해군에 의해 중국 해안이 봉쇄된다면 중공의 교통망은 큰 혼란을 겪게 될 것입니다. 중공 정권에 대한 반격의 성공을 보장하기 위해서는 미국 해군과 공군이 필요합니다. 그러나 미국 보병은 필요치 않을 것이라고 나는 다시 한 번 강조합니다. 우리가 중국을 다시 찾지 못하는 한, 자유 진영의 궁극적 승리는 생각할 수 없습니다."

▌ 1954년 7월 30일 오전, 조지 워싱턴 대학의 명예 법학박사 학위 취득식에서 공산주의를 치명적인 바이러스(deadly virus)로 규정하고 퇴치를 위한 투쟁을 선언한 이승만 대통령

7월 30일 오전, 조지 워싱턴 대학에서 명예 법학박사 학위 취득식에서의 연설

"우리는 공산주의에 대해서 마치 고통스럽지만 위험하지는 않은 흔한 감기처럼 대수롭지 않게 말하는 것을 중지하고, 치명적인 바이러스(deadly virus)라고 여기고 퇴치를 위한 투쟁을 시작해야 합니다."

"교육의 역할은 공산주의가 지성에 반하는 것임을 연구하고 폭로하는 것이어야 합니다. 교육의 역할은 사상의 자유가 귀중한 것이라고 주장하는 모든 사람들에게 공산주의자들이 언제나 이러한 귀중한 가치를 파괴시키려고 한다는 사실을 보여주어야만 합니다."

"여러분은 중립일 수 없으며, 한적한 강의실에 앉아서 자유세계가 파멸의 비극으로 휩쓸려 들어가는 것을 수수방관해서는 안 됩니다. 여러분은 공산주의에 대항해서 싸우는 모든 자유인의 편에 서야 합니다. 그렇지 않으면, 여러분의 무관심이 자신과 다른 사람들의 운명을 매우 위태롭게 할 가능성이 있습니다."

7월 30일 정오, 미국 외교기자 클럽 오찬간담회 연설

"신문·라디오 방송·통신사들은 언제나 적의 제1의 공격 목표가 됩니다. 적들은 제퍼슨이 알고 있었던 것처럼 자유로운 신문이 자유국가에 필수불가결하다는 것을 알고 있었습니다. 따라서 적들은 권력을 장악하면 무엇보다 먼저 언론의 목을 졸라 질식시키는 것입니다. 정보를 통제함으로써 공산주의자들은 진실 대신에 허위 사실들을 전파할 수 있으며, 그들이 항상 노리는 전체주의적인 권력을 재빨리 장악할 수 있는 것입니다.

친구들이여, 여러분들은 자유와 민주주의라는 대의(大義)를 위해서 없어서는 안 될 중요한 존재들입니다. 부디 진실하고 가공되지 않은 이야기를 전달하는 일을 게을리 하지 말아주시기 바랍니다. 그런 파수꾼의 역할을 하지 않아서 수십만 아니 수백만의 국민들을 잘못 인도하기 쉽습니다."

"내 마음속에 간직해 왔고, 아직도 간직하고 있는 것은 미국이 공산주의의 정복 야욕에서 민주주의를 구하려 한다면 중국을 우선 구한다는 결정을 지금 내려야 한다는 것입니다. 중국 문제는 한국 문제뿐만 아니라 아시아 전체 문제의 핵심을 차지하고 있습니다. 중국이 없으면, 아시아의 생명은 지켜질 수 없습니다. 달리 설명하자면, 만약 중공군이 한반도에서 축출되지 않는다면, 대한민국은 구출될 수 없습니다."

"만일 중국이 공산주의자들의 손아귀에 놓이고 아시아의 다른 지역이 공산 통치하에 들어간다면, 대한민국은 독립국가로, 통일국가로, 민주국가로 결코 계속해서 존립할 수 없을 것입니다. 그래서 나는 의회 연설에서 우리 모두를 구하기 위해서 미국의 정책이 중국을 먼저 구하는 것이어야 한다는 점을 명백히 하려고 노력했던 것입니다."

"언론인 여러분, 이는 자유 미국의 생존과 직결되는 문제입니다. 이 나라에 공산주의자들이 미국을 지배하려는 시도에 동의하지 않는 사람이 있다면, 우리는 이곳에서 위대한 성전(crusade)을 시작해서 지금 그들에게 진실을 알려 주어야만 합니다."

"나는 미국인들이 도와준다면, 우리는 반드시 공산주의의 불길을 진화할 수 있으며, 우리 자신과 자손을 위해 평화롭고 보다 더 나은 세상을 쟁취할 수 있을 것으로 생각합니다. 감사합니다."

8월 1일, 파운드리 감리교회 예배에서 행한 연설

"한국이 자유롭게 되는 것은 하나님의 뜻입니다. 오늘날 많은 사람은 만약 우리가 100만 공산군을 북한에서 몰아내려고 한다면 제3차 세계대전이 발발할 것이라고 말합니다. 그들은 가공할 원자폭탄과 수소폭탄이 순식간에 인류의 문명을 파괴할 것이라고 말합니다. 그렇습니다. 그것은 끔찍한 일입니다.

그러나 나는 그들에게 말하고 싶습니다. 우리는 수소폭탄보다도 더 위력적인 그 무엇이 있다고 말입니다. 즉, 우리는 하나님의 은총을 받고 있다는 사실을 말해주고 싶습니다. 하나님은 위기에 처했을 때 우리를 인도해 주셨습니다. 그리고 이제 우리는 아시아에서 최상의, 최강의 반공 군대를 보유하고 있습니다.

나는 하나님이 우리가 하는 일이 잘못된 일이라고 말씀하시지 않을 것이라는 사실을 알고 있습니다. 그분은 사랑으로 감싸는 하나님이실 뿐만 아니라, 정의를 구현하는 하나님이시기 때문입니다. 나는 두렵지 않습니다. 모두 나를 비난하라고 하십시오. 그러나 하나님만이 나를 질책하시지 않는다면 그것으로 괜찮습니다."

8월 1일 저녁, 필라델피아 외국전 참전용사회 연례 총회 연설

"공산주의자들은 핵무기가 가공할 무기이며 한 순간에 모든 문명과 모든 인류를 파괴할 수 있다는 취지의 선전을 해 왔고, 지금도 하고 있습니다. 나는 유감스럽지만 이런 선전이 효과를 발휘해 왔다고 말하지 않을 수 없습니다. 선전은 자유세계를 동요시키고 겁먹게 했습니다. 핵폭탄은 강력한 무기이지만, 우리에게 핵무기가 있고 이를 사용할 수 있는데도 싸움도 못해보고 노예상태로 되는 것을 용인할 수 없습니다."

"내가 보기에 가장 중요한 과제는 미국 국민들을 설득하는 것입니다. 우리가 지금이나 후에 공산주의자들과 싸워야 하며, 오래 기다리면 기다릴수록 우리에게 더 불리하다는 사실을 말입니다. 며칠 전에 나는 여러분의 위대한 의회에서의 연설에서 미국은 중국 본토를 해방시키는 것을 최우선 순위에 두라고 제안했습니다. 중국이 자유로워지지 않으면, 아시아를 구출하는 것은 불가능합니다."

"이 나라의 어떤 국민들과 또 유럽의 많은 사람들은 우리가 공산주의자들에게 무엇을 양보해서라도 어떻게든 전쟁을 피해야만 한다고 말하고 있습니다. 이러한 사람들은 전쟁보다도 더 나쁜 것은 없다고 하면서 우리가 공산주의자들을 구슬려서 결국에는 우리와 평화적으로 공존의 장으로 인도할 수 있을 것이라고 말합니다. 나는 이러한 주장을 믿지 않습니다. 그리고 나는 여러분도 나와 마찬가지라고 생각합니다.

분명, 평화는 바람직한 것입니다. 그러나 공산주의자들이 요구하는 대가를 치르는 것은 평화가 아닙니다. 그 대가란 세계정복인 것입니다. 내게 그

1954년 8월 2일, 뉴욕 와그너 시장 주최 오찬회에서 연설하는 이승만 대통령

러한 운명은 죽음보다 나쁜 것이며, 전쟁보다 나쁜 것이며, 내가 상상할 수 있는 그 어떤 것보다도 나쁜 것입니다. 그러한 평화는 인간의 멸종을 의미하는 것입니다. 그래서 나는 철저히 반대하는 것입니다."

8월 2일 오후 1시, 뉴욕 와그너 시장 주최 오찬회

"오직 힘으로 공산 침략자들의 무릎을 꿇게 할 수 있습니다. 오직 힘으로만 우리는 공산분자들을 격퇴하는 데 적절한 조치를 취할 수 있습니다. 여러분에게 공산주의자들과 투쟁할 것을 호소합니다. 만약 누구든 평화회담이나 휴전으로 한반도 문제가 평화적으로 해결될 수 있다고 말하는 자가 있거든, 그런 자에게 속지 말라고 여러분께 말해 두고자 합니다."

8월 2일 오후 4시, 콜롬비아 대학에서 명예 법학박사 학위 수여식 연설

"우리는 여전히 전투에서 패배하고 있습니다. 적은 도처에서 승리를 거두고 있습니다. 우리는 한걸음씩 양보하고 있습니다. 전 세계 자유국가들의 챔피언이자 리더인 미국 정부가 지도적인 위치에 서서 우리(자유세계)를 승리로 이끌지 않고도 우리가 자유로워지거나 생존할 수 있다고 말한다면, 이는 우리 자신을 속이는 것입니다. 미국의 도움이 없이는 자유 대한, 자유 중국 그리고 자유 유럽도 없습니다. 아시아를 구하시오! 이것이 여러분에게 하는 나의 호소입니다."

8월 2일 저녁 8시, 한미재단(韓美財團) 만찬회 연설

"나의 최대 소망은 미국 국민들이 공산주의자들의 전체주의적인 위협을 제거하기 위하여 강력한 십자군 전쟁과 같은 전국적인 운동을 조직하는 준비를 하는 것입니다. 내가 아는 한 미국에서 민주주의의 여론과 반공주의 정신이 점차 강화되고 있는데 그것은 바로 나에게 필요한 힘이며 격려입니다."

"이제 여러분이 내게 허락한다면, 한반도 통일이라는 내 마음 한가운데의 얘기를 하고자 합니다. 이 주제는 많은 오해가 있어 왔기에 나는 이 자리에서 우리나라의 입장을 명백히 말씀드리고자 합니다.

제2차 세계대전 후에 한국이 자유민주주의 국가로 통일이 돼야 한다는 데에는 의문의 여지가 없었습니다. 유엔과 미국이 그렇게 언급했고, 소련도 한반도에 자유 독립 국가를 만드는 데 동참했다는 점을 우리는 잊어서는 안 됩니다. 그러나 미국은 부지불식간에 불유쾌한 실수(unhappy mistake)를 저질렀습니다. 바로 한반도의 38선 이북을 소련이 점령하도록 만든 것입니다."

"우리는 공산주의자들을 저지할 수 있으며, 그들이 세계 전체로 세력을 확대하기 시작한 이후 처음으로 그들을 영구히 격퇴할 수 있습니다. 이러한 승리는 인간의 자유라는 대의(大義)를 위해서 절실히 필요한 것입니다. 한국은 단지 우리의 통일과 생존을 위해서가 아니라 세계 도처의 모든 민족들에게 자유, 정의, 그리고 평화가 보장되게 하는 것을 돕기 위해서 이러한 기여를 하기를 원합니다. 우리에게 도움을 주십시오! 그리하여 한국의 150만 명의 아들들이 전진하여 적을 무찌르고, 그들의 가정뿐만 아니라 미국의 가정도 방어할 수 있도록 해주시기 바랍니다!"

"나는 이 기회에 한국이 가장 위태로운 시기에 있을 때 미국 육군, 해군, 공군, 해병대에 복무했던 아들들과 남편들과 형제들을 한국에 파견해 준 미국 어머니들에게 마음속에서 우러나는 감사를 표하지 않을 수 없습니다. 우리의 계곡과 산악에서 미국과 한국 장병들의 영혼이 함께 하나님의 품으로 간 것을 우리는 결코 잊지 않을 것입니다. 우리가 그들을 기억하듯이 전지전능하신 하나님이 그들을 소중히 아껴주시도록 기도합니다."

"미국이여, 그대는 지난 며칠 동안 그대의 위대함을 내게 보여주었습니다. 나는 공산주의자들이 결코 우리를 패퇴시킬 수 없다는 사실을 알게 되었습니다. 우리는 그대와 함께 서 있습니다. 우리는 그대의 편입니다. 이는 정말 멋진 일이며, 나의 영혼은 미국 국민의 넘치는 후의와 지지에 의해 한껏 고무되어 있습니다. 우리가 힘을 합하면 무적입니다. 정의라는 대의(大義)의 갑옷을 입고 하나님의 도움을 받고 있는 우리는 승리할 것입니다."

8월 3일 오전 11시, UN방문 기자회견

"모든 유엔 회원국들은 어떠한 희생을 치르더라도 정의를 지켜야 하며, 대동단결해 깡패 국가들을 응징해야 합니다."

8월 5일, 트루먼 전 대통령 저택 방문 연설

"참으로 반갑습니다. 나는 귀하가 미군을 파병해 우리가 생존할 수 있도록 해준 것을 기억하고 있습니다. 이 기회를 이용하여 위대하고 중대한 결정을 해준 데 대해 귀하에게 우리의 변치 않는 감사를 표하게 된 것을 기쁘

▎ 1954년 8월 5일, 트루먼 전 대통령 저택 방문 중에 연설하는 이승만 대통령

게 생각합니다. 그 결정은 우리 국민의 사기를 북돋아 줬고, 우리가 공산주의자들을 싸워서 물리칠 수 있도록 해줬습니다. 모든 한국인들은 이를 고마워하고 있으며, 미국 국민들이 우리의 감사의 마음을 알아주기 바랍니다."

"공산주의자들이 이 세계를 자기들의 통치하에 놓기 위해 밤낮없이 작업(준동)하고 있습니다. 공산주의자들이 오고 있습니다. 여러분은 여러분의 마을에서, 여러분의 학교에서, 여러분의 교회에서, 그리고 심지어는 여러분의 가정에서 그들과 투쟁해야 합니다."

이어서 이승만 대통령은 옆에 있는 트루먼에게 뼈있는 작별인사를 건넸다.

"나는 1950년 비오는 날 깜깜한 새벽에 공산주의자들이 한국을 침략한 것을 기억하고 있습니다. 그때 나는 기도했고, 주님이 내 기도를 들어주실 것이라고 믿었습니다. 이 세상에는 싸우지 않고 공산주의자들을 몰아낼 방법은 없습니다. 부디 건강하세요."

8월 6일, 로스앤젤레스 시의회 연설

"미국인들이 전례 없이 깨닫고 있는 매우 중요한 것이 있습니다. 바로 인간의 자유를 억압하는 적, 공산주의의 위험에 대한 깨달음입니다. 나는 여러분의 그러한 깨달음에 감사하며, 이제 전에 없이 강한 결의와 커다란 격려를 안고 조국으로 돌아갑니다.

여러분도 잘 아시다시피, 전쟁은 악입니다. 우리는 평화를 사랑하는 사람들입니다. 이런 점에서 미국인이나 한국인은 같습니다. 우리 모두는 전쟁에 반대하며, 세계평화가 정착되도록 하기 위해서 노력합니다. 그러나 전쟁의 공포보다 더 끔찍하고 무서운 것이 있습니다. 그것은 자유가 없는 것입니다. 미국인 여러분은 자유의 축복을 만끽하고 있습니다. 여러분 중에서 어떤 분들은 이러한 축복의 가치를 잘 모를 수도 있습니다. 그저 당연한 것으로 간주합니다. 그러나 다른 곳, 즉 한국과 같이 20세기 초 일본의 끔찍한 식민통치 아래에 있었던 곳을 가보게 되면, 고상하지 않은 단어를 써서 죄송하지만, 실로 지옥이라고 느낄 것입니다. 그곳에서 40년을 사는 동안 많은 사람들이 죽거나 살해당했습니다. 다른 사람들은 고문당하고 박해받았습니다. 그들은 독립이 없는 나라는 국가가 아니라는 사실을 깨닫게 됐습니다. 자유가 없는 국민은 죽은 것이며, 죽음보다 더 나쁜 것입니다. 그들은 본능적으로 이것을 알았고, 경험했습니다. 그래서 그들은 저항하려고 애썼습니다."

"공존이란 없습니다. 여러분! 천연두와 끔찍한 전염병과 어떻게 같이 산다는 말입니까? 나는 공산주의가 이 시대에 전 세계에서 가장 나쁜 전염병이라고 생각합니다. 때문에 한국인들은 공산주의와의 공존은 있을 수 없다고 확신합니다. 반은 공산주의자이고, 반은 민주주의자는 없습니다. 동시에 반은 공산주의 나라고, 반은 민주주의인 나라도 없습니다."

8월 6일, 세계정세협회(World Affairs Council) 주최 오찬회 연설

"한반도에서의 잠정적 휴전이 진정한 평화입니까? 결코 아닙니다. 그것은 공산주의자들이 다음의 맹공격을 준비하기 위해서 바라는 휴식 기간에 지나지 않습니다. 공산주의자들은 스스로 평화론자들이라고 주장하지만, 공산주의의 평화는 총검의 평화입니다. 그런데 그런 평화가 조금씩 정복에 의해서 전 세계로 퍼져 나가고 있습니다. 자유국가들이 차례로 소멸되어 감에 따라 공산주의자들은 점점 더 대담해지고 있습니다. 그들은 미국이 전쟁을 겁내어 싸우지 않을 것이라고 믿고 있기 때문에 이미 전 세계를 사실상 자기들 것으로 생각하고 있습니다."

"실로 전쟁은 가공할 만한 것입니다. 나는 그것을 잘 압니다. 마찬가지로 여러분의 다수도 알 것입니다. 우리 모두가 지구상에서 전쟁을 소멸시키기 위해 힘이 닿는 한 모든 노력을 다해야 할 것입니다. 그러나 인간에게는 생명보다 더 귀중한 무엇이 있습니다. 자유 없이 살아본 경험이 있는 사람들은 여러분이 누리는 자유의 가치를 압니다."

"나의 친구들이여, 한국인의 용감성은 실로 일본 제국주의 아래에서 수십 년간의 끔찍한 노예생활이라는 용광로 속에서 담금질된 것이었습니다. 때문에 한국인들은 자유 없이는 자기 생명도 자기 것이 아님을 이해하게 되었습니다. 자유가 결여된 생존은 죽음보다도 더 못한 것입니다. 한국인들은 자유로이 살 수 없다면 기꺼이 죽으려고 합니다. 40년간의 경험이 한국 국민을 변화시킨 것입니다.

조지 워싱턴은 싸우기를 두려워하지 않았으며, 그를 비롯한 미국 건국의 아버지들의 적극적인 의지로 미국은 독립을 쟁취했습니다. 링컨도 싸움을 두려워하지 않았습니다. 비록 그는 그리스도 이후 가장 위대한 평화의 인물이었지만, 싸움에 의해서 여러분의 나라를 구했습니다. 윌슨 역시 평화적 인물이었지만 여러분이 신봉하고 있는 모든 가치를 보존하기 위하여 여러분을 전쟁으로 인도했습니다. 여러분은 평화를 사랑하지만, 싸워야 할 때에는 두려워하지 않습니다."

"우리의 공동목표는 어떤 희생이 따르더라도 이뤄야 하는 '평화'여서는 안 됩니다. 그것은 단지 패배와 인간 자유의 종말을 초래할 것입니다. 우리의 영원한 표상은 어떤 희생이 따르더라도 지켜야 하는 '정의'여야만 합니다. 정의란 우리가 다른 방법으로는 획득할 수 없는 평화, 옳은 것의 승리, 그리고 자유에 이르도록 하기 때문입니다."

8월 7일, 샌프란시스코 커먼웰스(Commonwalth) 클럽 오찬회

"만일 치명적인 전염병이 여러분의 공동체를 휩쓸고 있다는 것을 안다면, 여러분은 한가하게 앉아서 당신과 당신이 사랑하는 사람들이 전염병에 감염될 때까지 기다리겠습니까? 흑사병이 여러분의 바로 이웃에 오더라도 결코 여러분에게는 닥치지 않을 것이므로 걱정할 필요가 없다고 자신을 위로하실 겁니까?"

"여러분은 일어서서 공산주의에 맞서 싸워야 합니다. 여러분은 전염병과 싸우는 것처럼 공산주의와 싸워야 합니다. 전례 없이 싸워야 합니다. 어디서든 싸워야 합니다. 여러분의 나라, 심지어 여러분의 가정에서조차 도처의 공산주의자들과 전투를 해야 합니다."

8월 8일, 샌프란시스코 공항에서 미국 국민에게 감사를 표하는 출발 성명

"이 막강한 나라와 자유세계의 다른 모든 나라들에게 가하고 있는 공산주의자들의 가공할 위협을 미국인들이 점차 더 잘 인식하고 있는 것을 목격하는 것은 흐뭇한 일입니다. 이같은 이해는 미국이 공산주의자들을 저지하고, 나아가 그들이 무력으로 쟁취한 모든 지역으로부터 그들을 축출하기 위한 단호한 조치를 선도해야만 한다는 점을 분명히 한 것입니다.

우리 한국 국민들과 정부를 대신해서 나는 아이젠하워 대통령, 미국 정부 그리고 미국 국민들이 나와 내 아내에게 보여준 친절함, 그리고 한국의 정당한 열망에 대해 보여준 사심 없는 지원에 대하여 감사를 드리는 바입니다. 나는 한미 양국이 완전히 협조함으로써 앞으로 한반도 통일을 가져오고, 세계를 정의와 자유가 상존하는 영원한 평화에 이르게 할 수 있다는 확신을 갖고 있습니다."